眠れなくなるほどおもしろい

# 日本史の「その後」

歴史雑学研究所
［編］

History of Japan
The generals who are the end in the Japanese history

本書は小社より刊行した『日本史「その後」の真実100』をもとに、大幅に加筆・改訂し、新規原稿を加えて再構成したものです。

一部写真提供／PIXTA（ピクスタ）

# はじめに

「事実は小説より奇なり」といわれる。

しかし、私たちが学業や一般教養として教えられてきた歴史は、そのドラマ性をクローズアップしない。事件のあらましや関わった人物の名前といった、記録の一部に過ぎない場合が多く、その前後にどのような悲喜劇があったとしても無視されてしまう。

そこで、本書では日本史の「その後」に着目した。偉業を成し遂げ日本史上に爪痕を残した人々は、表舞台を降りた後、どんな結末を迎えたのか？　国を動かした重要な出来事の後にあった思いがけない後日談とは？　日本史の「その後」には、歴史が動いた瞬間に負けず劣らずのドラマが存在しているのである。

聖徳太子の家系はなぜ潰えてしまったのか。源義経の荒唐無稽な生存説の出どころはどこなのか。豊臣秀吉が天下を握った時、織田信長の遺児たちは何をしたのか。坂本龍馬という主柱を失った海援隊は、どんな運命をたどったのか。

知られざる日本史の「続き」と、本当のラストを見届けてほしい。

歴史雑学研究所

眠れなくなるほどおもしろい
日本史の「その後」
History of Japan
The generals who are the end in the Japanese history

# 目次



## 第1章 まさかの続きがあった！ 歴史の転換点の「その後」

## 第2章
## 誰かに話したくなる！　あの歴史人物の「その後」



## 第3章
## 教科書には載らない　あの日本史の「顛末」

## 第4章
# 歴史に消えた名家・名門の「子孫」たち

## 第5章

## 日本史に名を残した 芸術家・文化人の「その後」

## 第6章 数奇な運命をたどった モノ・コト・場所の「行方」

# 第1章

まさかの続きがあった!

# 歴史の転換点の「その後」

## 徳川慶喜が生きた明治と大正、徳川政権が復活しかけていた!?

慶応3年（1867）10月14日、大政を朝廷に奉還し、王政復古のクーデターにより江戸幕府将軍の座を追われた徳川慶喜《とくがわよしのぶ》は、二条城、大坂城を転々とした後、軍艦で江戸に戻った。上野寛永寺《かんえいじ》で蟄居《ちっきょ》したことが評価され、処刑されることなく、謹慎の身として実家の水戸に引き上げることができた慶喜は、徳川家の処遇が駿府（現・静岡県）移封に決まると静岡に移った。

新政府から謹慎を解かれると、31歳の若さで悠々自適の隠遁生活に入る。多趣味で知られた慶喜は、潤沢な隠居手当を元手に、油彩画を描き、写真を撮り、狩猟や投網をして遊んだ。妾たちとの間には男10人、女11人もの子宝をもうけている。

この間、政治的野心の欠片も見せず、渋沢栄一《しぶさわえいいち》など一部の例外を除

---

**王政復古の大号令**
1867年10月14日の大政奉還の後に、岩倉具視や大久保利通ら倒幕派が起こした政変。同年12月9日（太陽暦では翌年1月3日）、江戸幕府の廃絶と新政府の樹立を宣言した。幕府とともに摂関制度も廃され、総裁・議定・参与の三職が設置された。

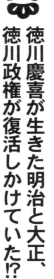

き旧幕臣とは没交渉を貫いた。静岡に移り住んだ旧家臣には困窮者も少なくなかったが、慶喜は特に気にかける様子も見せず、「貴人情を知らず」と誹《そし》りを受けることもあったようだ。

明治21年には従一位《じゅいちい》に叙され、明治30年（１８９７）、東京の巣鴨に移住。翌年に大政奉還以来となる明治天皇への謁見を果たし、慶喜は天皇と皇后から厚いもてなしを受けた。皇后は慶喜の盃にお酌をしたと伝えられ、慶喜は「生きていた甲斐があった」と涙を落としたという。

明治35年（１９０２）に公爵を授爵。明治17年（１８８４）の華族令《かぞくれい》発布と同時に徳川宗家にはすでに公爵が授けられていたが、それとは別に「徳川慶喜家」

徳川慶喜。明治35年に公爵を授爵し、「徳川慶喜家」を創設した（国立国会図書館蔵）

**渋沢栄一（1840～1931）**
慶喜の実家である一橋家に仕え、のち幕臣となる。欧州を巡遊後、維新政府では大蔵省に入省。退官後、第一国立銀行を設立。慶喜の伝記『徳川慶喜公伝』を著した。

**華族令**
1884年7月7日に制定。公卿と大名を華族とし、公・侯・伯・子・男の5階の爵位を与えて特権を有する身分とした。1947年、日本国憲法の施行により廃止。

の創設を許され、慶喜は貴族院議員に就任した。

その2年後、慶喜は七男の慶久に家督を譲って隠居する。そして大正2年（1913）、風邪から急性肺炎を併発し、東京の別邸で77年の人生の幕を閉じた。末期の床で渋沢栄一が編纂した自らの伝記『徳川慶喜公伝』の原稿を読みながら、眠るようにして息絶えたという。前半生こそ苦難の連続だった〝最後の将軍〟だが、その最期は穏やかなものだった。

さて、徳川慶喜が没した翌年、徳川家に意外な話が持ち上がる。徳川宗家が政権に返り咲く機会が舞い込んだのだ。

徳川宗家は、田安家から入った〝幻の16代将軍〟こと家達《いえさと》が継いでおり、その家達は明治36年（1903）から30年以上にわたって貴族院議長を務めていた。そんななか大正3年（1914）、シーメンス事件によって山本権兵衛《やまもとごんべえ》内閣が総辞職すると、家達は後継の正式候補となり組閣の大命が下されたのである。

---

**徳川家達（1863～1940）**
御三卿の田安徳川家7代当主。1868年に慶喜の跡を継ぎ、徳川宗家16代当主となる。翌年、静岡藩知事に就任し、駿河府中へ移住。華族令公布によって公爵を授けられ、以後、貴族院議員、同議長を歴任した。

**シーメンス事件**
ドイツの軍需会社ジーメンスからの軍需品購入をめぐる、日本海軍高官の収賄事件。1914年、外電からの大々的な新聞報道で暴露された。海軍出身であった山本権兵衛内閣を倒壊させる引き金となった。

しかし、家達は徳川一族の同族会議を開き、その結論として「いまだ徳川が政権に表立って関わるのは遠慮すべきである」として首相就任を断った。もしこれを受けていれば、大政奉還から47年ぶりに、幕府とは違うかたちで徳川政権が復活していたことになる。

## 室町幕府を開いた後、骨肉の争いに明け暮れた足利尊氏

楠木正成《くすのきまさしげ》や新田義貞《にったよしさだ》らとともに後醍醐天皇方として鎌倉幕府を滅ぼした足利尊氏《あしかがたかうじ》。だが、後醍醐天皇による建武の新政が始まると、尊氏は武家政権の再興を目指して天皇と対立。京都に新たに天皇を立て、尊氏方の北朝と後醍醐方の南朝は以後60年にわたり、正統性をめぐって争うことになる。「南北朝の動乱」である。

尊氏は正成、義貞、北畠顕家《きたばたけあきいえ》ら南朝の有力武将を滅ぼすと、延元

**南北朝の動乱**
足利尊氏が擁立した北朝（京都）と後醍醐天皇に始まる南朝（吉野）が対立し、1336年から約60年間続いた全国的な内乱。1392年、南朝の後亀山天皇が、北朝の後小松天皇に譲位するかたちで南北朝の合一が行われ、南朝は滅んだ。

3／暦応元年（1338）、光明天皇から征夷大将軍に任じられ、室町幕府を開いた。ここに名実ともに武家の棟梁となったのである。

幕府の基礎固めをしようとする尊氏は、清廉で厳格な性格の弟・直《ただ》義《よし》との二頭体制をとり、尊氏が軍事の指揮権を掌握し、直義が政務の全権を担った。

南朝が徐々に弱体化していくと室町幕府政権は安定する。だが、むしろここからが尊氏の新たな苦難の始まりだった。身内の内紛が表面化したのだ。

尊氏を軍事面で支えていた執事・高師直《こうのもろなお》が直義の権限拡大に反発し、両者の対立が深刻化すると、尊氏を抱き込んだ師直が一度は直義の追放に成功する。しかし、直義は南朝と結ぶという掟破りの手段で反撃に出た。直義が南朝軍とともに挙兵すると、尊氏は師直について戦うが敗れ、高師直・師泰《もろやす》兄弟は殺害されてしまった。

こうして高一族は滅亡したが、尊氏と直義の関係はもはや修復不可

---

**足利直義（1306～1352）**
足利尊氏と同じ父母から生まれた1才違いの弟。政才に優れ、室町幕府成立後は実質的な執政者となる。鎌倉時代からの伝統的権威と協調する路線をとったが、新興勢力の反発を買う。その代表ともいえる高師直と激しく対立した。

**高師直（?～1351）**
足利尊氏の執事。尊氏を軍事面で支え、鎌倉倒幕や南朝との戦いで多くの武功を挙げた。室町幕府初期に足利直義と対立し、一時は直義を追って実権を掌握したが、1351年、直義に属した上杉能憲によって一族とともに討たれた。

能なものとなっていた。両者の溝が埋まることはなく、この後は尊氏と直義の実の兄弟による争いとなっていく（観応《かんのう》の擾乱《じょうらん》）。

直義討伐の意志を固めた尊氏は正平6／観応2年（1351）、今度は自らが一度南朝に降って和睦。南朝という後顧の憂いを断ったうえで、鎌倉にあった直義討伐に出征した。そして、直義軍を破って鎌倉を占拠し、直義を鎌倉延福《えんぷく》寺《じ》に幽閉する。直義は幽閉された翌月に黄疸《おうだん》という病で急死するが、『太平記』ではこれを尊氏による毒殺としている。

いずれにしても直義の死で擾乱に終止符が打たれたかに思われたが、政局はまだ安定しなかった。尊氏・直義兄弟

室町幕府を開いた足利尊氏（浄土寺蔵）

**太平記**

南北朝時代の軍記物語で、作者は小島法師と伝えられるが未詳である。後醍醐天皇の即位に始まり、鎌倉幕府の滅亡、建武新政の完成と崩壊、南北朝の対立、細川頼之の管領就任までの50数年間の動乱を南朝側の立場から描く。この時代の通史としてはもっとも普遍的な史料であるが、その信憑性を疑問視する声もある。

の争いで息を吹き返した南朝、そして尊氏の側室の子で直義の猶子《ゆうし》（養子）となっていた足利直冬《ただふゆ》が抵抗を続け、正平9／文和3年（1354）には直冬の大攻勢により尊氏は京都を追われてしまう。

結果的には京を奪還し、直冬を九州に追い払った尊氏だったが、九州の直冬征伐は叶わなかった。正平13／延文3年（1358）、直冬との合戦で受けた背中の矢傷による腫れ物が悪化し、尊氏は54歳で京に没した。

前半生はライバルたちと、そして後半生は身内や親族と争い、室町幕府初代将軍の生涯はまさに戦いの歴史だった。

## 9代にして在任期間は最長！ 鎌倉幕府最後の将軍とは？

室町幕府最後の将軍は足利義昭で、江戸幕府最後の将軍は徳川慶喜

**足利直冬（?～?）**

生没年不詳。尊氏の子だが、母の出自の低さから疎まれた。のち直義の養子になる。観応の擾乱で高師直に追われると、九州で勢力を回復した。直義の死後に尊氏と決裂。一時京都を占領したが奪回され、以後は中国地方で反幕府活動を行った。

である。これは学校の歴史の教科書にも載っているので、誰でも知っていることだろう。だが、「鎌倉幕府最後の将軍は誰か？」と聞かれて即答できる人はほとんどいないかもしれない。「3代将軍・源実朝《みなもとのさねとも》」では不正解である。

建保7年（1219）、3代将軍・源実朝が鶴岡八幡宮で自らの猶《ゆう》子《し》（養子）だった公暁《くぎょう》に暗殺されたことにより、初代・頼朝《よりとも》からの源氏将軍はここで途絶えた。しかし、鎌倉幕府の将軍はこの後に6人もいたのである。

4代将軍に迎えられたのは、頼朝の遠縁にあたる藤原頼経《よりつね》だった。五摂家《ごせっけ》の九条家に生まれ2歳で鎌倉に下った頼経は、嘉禄2年（1226）に7歳で征夷大将軍となった。ただし、北条氏の独裁下で名目上の将軍にすぎず、27歳の時に4代執権・北条経時《つねとき》によって子の頼嗣《よりつぐ》に将軍職を譲らされ、出家している。6歳で5代将軍の座に就いた頼嗣も、幕府内の主導権争いに巻き込まれ、政治に関与することなく14歳

---

**源実朝（1192～1219）**
父・源頼朝、母・北条政子との間に生まれた。北条氏に擁立されて1203年に鎌倉幕府3代将軍となるが、北条氏に実権を握られていたため、官位に執着。1218年に右大臣に昇進した。藤原定家に師事し、万葉調の歌人として名高い。家集に『金槐（きんかい）和歌集』がある。

**五摂家**
鎌倉時代以降、摂政・関白を出すことができた5つの家柄。藤原北家の流れで、近衛・九条・二条・一条・鷹司の五家をいう。

で廃されてしまった。

　九条頼経・頼嗣父子は摂関家《せっかん》から迎えられた将軍ということで「摂《せっ》家《け》将軍」と呼ばれるが、摂家将軍が2代で終わると、これに変わったのは「宮《みや》将軍」だった。

　6代・宗尊《むねたか》親王、7代・惟康《これやす》親王、8代・久明《ひさあき》親王、9代・守邦《もりくに》親王はみな皇族で、幕府が朝廷に奏請《そうせい》して迎えられ、鎌倉において丁重に待遇された。だが、それも表面上のことだった。幼年で任じられるため実質的な権限はなく、執権・北条氏の傀儡《かいらい》将軍にすぎなかった。また、将軍として力をつけたり、少しでも執権に逆らうことがあれば将軍職を解かれて京都に返されている。

　そのなかで例外だったのが、9代にして最後の鎌倉幕府将軍となった守邦親王である。8代将軍・久明親王の子で、延慶元年（1308）に8歳で征夷大将軍に就任。鎌倉幕府が滅亡し、32歳で将軍職を辞するまでの24年9か月という在任期間は鎌倉幕府で最長だった。

在任時はやはり北条氏の傀儡だったが、この時期は北条氏自体も弱体化しつつあり、10代執権・師時《もろとき》から16代執権・守時《もりとき》まで、実に7人の執権の交代があった。守邦親王の在職期間がいかに長かったかがわかるというものだろう。元弘3年（1333）に幕府滅亡に遭った守邦親王は将軍職を辞するが、京都に戻ることなく、出家してその年中に鎌倉で没したという。

なお、鎌倉幕府を倒し、建武の新政を敷いた後醍醐天皇の親政時にも征夷大将軍となった親王がいた。後醍醐天皇の皇子・護良《もりよし》親王と成《なり》良《よし》親王の2人である。ただし、護良親王は建武政権下では足利尊氏と並ぶ実力者であったし、成良親王は鎌倉将軍府の長として関東を統治する立場だった。宮将軍ではあるが、どちらも政権の中枢に近かったため、武家政権の傀儡という意味での鎌倉幕府の宮将軍とは性質が異なっている。

---

**護良親王（1308～1335）**
「大塔宮（おおとうのみや）」の宮号で知られる。楠木正成らとともに反幕府軍を組織して戦い、鎌倉幕府打倒に貢献。建武政権下では征夷大将軍、兵部卿に任じられた。のちに足利尊氏と反目して鎌倉に幽閉され、1335年の「中先代の乱」に乗じて殺害された。名は「もりなが」とも読む。

**成良親王（1326～1344）**
名は「なりなが」とも。建武の中興後、足利直義に奉じられて鎌倉に下向。1334年に上野太守となり、続いて征夷大将軍となった。『太平記』では、兄の恒良親王らとともに毒殺されたとしている。

# 関ヶ原合戦で敗れた後、石田三成の血統は青森で生き延びていた！

慶長5年（1600）9月15日、天下分け目の関ヶ原の戦いは、たった1日で徳川家康を総大将とする東軍の勝利に終わった。

敗戦後、西軍の実質的なリーダーだった石田《いしだ》三成《みつなり》は、再起を期すべく伊吹山《いぶきざん》に逃れた。峠を越えて近江古橋村に身を隠すも、東軍の田中吉政によって捕縛。三成は大坂へ送られ、大坂・堺を引き回されたのち、鴨川のほとり六条《ろくじょう》河原《がわら》で斬首された。しかし、これによって三成の血統が途絶えたわけではなかった。

居城の佐和山《さわやま》城を東軍に落とされ、石田一族の多くは討ち死にしたが、三成の嫡男・重家《しげいえ》は合戦時、豊臣家に対する人質として大坂城に留め置かれていた。敗戦後、仏門に入ることで助命され、京都妙心寺の寿聖院《じゅせいいん》に入り、宗享《そうこう》を号した。ただし、仏門に入ったため妻帯は許

---

**石田三成**
**（1560～1600）**

近江国石田村（現・滋賀県長浜市）の生まれで、幼名は佐吉。幼少より豊臣秀吉に仕え、のち治部少輔（じぶしょうゆう）。太閤検地を実施するなど行政や吏務の面で手腕を振るい、秀吉の天下統治を支えた。秀吉の晩年には五奉行の筆頭となる。不正を極度に嫌う謹厳実直な性格で、理詰めで物言いをしたため、諸大名の間では「へいくわい者」（横柄な男）と称されていたという。

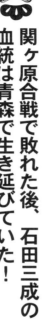

関ヶ原の戦いを描いた『関ヶ原合戦図屏風』（関ケ原町歴史民族資料館蔵）

されず、重家に子はなかった。

三成の血脈をつないだのは、次男の重成《しげなり》である。しかもその血は遠く青森へと渡っていたのだ。

豊臣秀頼に小姓として仕えていた重成は、佐和山城の落城を知ると、津軽信建《つがるのぶたけ》の助力で妹の辰姫《たつ》とともに大坂城から密かに脱出。若狭《わかさ》（現・福井県小浜市）に落ち延び、そこから日本海ルートで津軽藩（弘前藩）へと逃れた。津軽藩の藩祖・津軽為《ため》信《のぶ》は早くから豊臣秀吉に臣従したが、それを仲介したのが三成であり、その旧恩に報いたのだった。

---

**小姓**
主君に近侍し、身辺の雑用を務める武士。主に若年者が就いた。室町幕府より始まったが、豊臣秀吉や徳川家康は小姓という名目で大名家から子弟をとり、事実上の人質としていた。

**津軽為信（１５５０～１６０８）**
陸奥津軽（弘前）藩祖。はじめは南部家に属したが、南部家が衰退すると独立して津軽地方を平定。１５８９年に秀吉から津軽三郡と合浦一円の所領を安堵された。関ヶ原の戦いには東軍として参加したが、津軽家と豊臣家の仲介役が石田三成だったため、三成とは親しかったとされる。

津軽藩に匿われた重成は10年近く潜伏した後、杉山源吾と変名し、津軽藩に出仕。重成の長男・吉成《よしなり》は、2代藩主・津軽信牧《のぶひら》の娘を娶って家老職となり、杉山家は代々津軽藩重臣として続いたのである。

また、重成とともに大坂城を脱出した辰姫は、秀吉の正室・高台院《こうだいいん》（ねね）に匿われてその養女となり、成人すると津軽信枚に嫁いでいる。信牧と辰姫の仲は睦まじく、のちに3代津軽藩主となる信義《のぶよし》を生んだ。つまり、三成の孫が津軽藩主になったのだった。

三成の血統は絶えることなく、京から遠く離れた北辺で命脈を保っていたのである。

## 「乙巳の変」後、政敵や同志たちを次々粛正していた中大兄皇子

7世紀前半の飛鳥。天皇はないがしろにされ、政治の権限は豪族の

蘇我《そが》氏の手に握られていた。蘇我氏の専横をよしとせず、天皇中心の国家を目指していた皇極《こうぎょく》天皇の皇子・中大兄皇子《なかのおおえのおうじ》は、飛鳥寺の蹴鞠《けまり》の会で出会った中臣鎌足《なかとみのかまたり》とともに、皇極４年（６４５）、クーデターを起こした。宮中で蘇我氏本宗家の当主・蘇我入鹿《いるか》を暗殺した「乙巳《いっし》の変」である。

蘇我氏本宗家を滅ぼした中大兄皇子は、「大化」という年号を定め、公地公民制や中央集権体制などを理念とする「改新の詔《みことのり》」を発布。豪族による支配政治を一掃し、天皇中心の国家づくりを開始する。

この一連の政治改革は「大化の改新」としてよく知られている。だが、その陰で中大兄皇子は、以降も自身を脅かす皇族や豪族を次々と粛正していくのだった。

真っ先に標的とされたのは、蘇我蝦夷《えみし》の甥で蘇我氏と結びついていた古人大兄皇子《ふるひとのおおえ》だった。蘇我氏本宗家の滅亡後、彼は出家して隠遁していたが、変後まもなく、謀叛の疑いをかけられると一切の主張を

---

**乙巳の変**
干支が乙巳にあたる６４５年に起こった政変。中大兄皇子と中臣鎌足らが宮中の正殿に斬り込み、蘇我入鹿を暗殺。翌日には入鹿の父・蝦夷を自殺に追い込み、蘇我氏本宗家を滅ぼした。大化の改新の端緒となった。

**中臣鎌足**
**（６１４〜６６９）**
中大兄皇子（のちの天智天皇）に協力して大化の改新を実現。新政府で内臣となり、律令体制の基礎を築いた。死の直前、天智天皇から大織冠（たいしょっかん）という最高の官位と藤原朝臣の氏姓を与えられ、藤原氏の祖となった。

許されることなく殺されてしまう。次いで大化5年（649）には、乙巳の変でともに蘇我入鹿を討った同志である蘇我倉山田石川麻呂《くらやまだのいしかわまろ》を、讒言によって自害に追い込んでいる。中大兄皇子は政敵を消し、有力豪族の勢力を大きく削ぐことに成功したのだった。

大化6年（650）に年号が白雉《はくち》に改元され、時の孝徳《こうとく》天皇が新しい宮である難波京《なにわきょう》に移ると、やがて中大兄皇子と孝徳天皇との間に政治的な対立が生まれる。白雉5年（654）、中大兄皇子が孝徳天皇をそのまま残し、皇極天皇や弟の大海人《おおあま》皇子らを連れて飛鳥に戻るという行動に出ると、その年のうちに失意の孝徳天皇は孤独のなかで没してしまった。さらに、孝徳天皇の子・有間《ありま》皇子も、謀叛の罪に問われて処刑されている。有間皇子は中大兄皇子を警戒し、狂人のふりをしてまで身を守っていたが、中大兄皇子の仕掛けた罠にかかってしまったのだった。

こうして有力な次期天皇候補も除かれたが、中大兄皇子は天皇に即

---

**蘇我倉山田石川麻呂（?~649）**

蘇我倉麻呂の子。馬子は祖父、蝦夷は伯父、入鹿は従兄弟にあたる。しかし、蘇我氏本宗家と反目し、中臣鎌足の誘いによって乙巳の変に参加した。当日は三韓の上表文を読む役にあたったという。大化の改新新政府では、右大臣に就任した。

**難波京**

645年に孝徳天皇が新しい都として建設し、653年に宮殿（難波長柄豊碕宮）が完成。交通の便利な摂津国難波、現在の大阪市中央区法円坂町一帯を中心として所在していた。

位しようとはしなかった。天智《てんじ》天皇として即位したのは天智7年（668）で、天皇在位は約4年。対して、皇太子でいた期間は20年以上に及んだ。その理由は、乙巳の変を皇位を狙う私的なクーデターと見られることを避けたため、また皇太子でいた方が動きやすく政治改革がやりやすかったからなど考えられるが、中大兄皇子が自身の理想を実現するためには手段を選ばない人物だったことは確かだろう。

## 織田信長が築いた幻の名城 安土城の全貌とその後の謎

織田信長《おだのぶなが》が琵琶湖畔の安土山《あづちやま》（現・滋賀県近江八幡市）に築城を開始したのは、長篠《ながしの》の戦いで武田軍を破った翌年の天正4年（1576）のことである。当時の技術力を結集し、3年の歳月をかけて安土城は完成した。本格的な天守の建造はこの城が最初とされ、家臣の太田《おおた》牛一《ぎゅういち》が記した『信長公記《しんちょうこうき》』によると、外観は五重、内部は地上6階、地下1階の7層で、室内は金や赤の極彩色で装飾され豪華絢爛だったという。名実ともに天下統一をなさんとしていた信長の象徴だったといえる。

しかし残念ながら、私たちは安土城の姿を見ることはもうできない。なぜなら安土城は本能寺の変ののちに出火した。そして、現在残っているのは城を取り囲む高石垣だけなのだ。

とはいっても、安土城は焼失してすぐ廃城になったわけではなかった。火災によって焼けたのは主に天守や本丸で、二の丸は残っていた。そのため、本能寺の変後に織田家家臣団によって清洲《きよす》会議が開かれ、そこで織田家の家督が織田信忠《のぶただ》（信長の嫡男）の嫡男・三法師《さんほうし》に受け継がれると、安土城を居城としている。三法師の後見役となった信長の次男・信雄《のぶかつ》も入城し、安土城の普請を行っていた。

安土城が放棄され、居城としての機能を失うのは、羽柴秀吉が天下

---

**信長公記**
織田信長のもとで弓衆や奉行を務めた太田牛一が、日記に基づいて著した信長の一代記。信長上洛前までを記述した首巻と、1568年の上洛から1582年の本能寺の変までを編年体で記述した15巻の全16巻からなる。1598年頃までに成立し、戦国時代を知るうえでの一線級の史料とされる。

**清洲会議**
本能寺の変の後、柴田勝家、丹羽長秀、羽柴秀吉、池田恒興の4人の織田家家臣が集まり、織田家の後継者と遺領の配分を決定した会議。1582年、7月16日に尾張国清洲城で開催された。後継問題では信長の次男・信雄と三男・信孝が争った。

安土城跡。総見寺二王門が当時のまま残る（滋賀県近江八幡市）

人となってからである。天正13年（1585）に関白に就任した秀吉は、安土城に近い八幡山《はちまんやま》城（現・滋賀県近江八幡市）に甥の羽柴秀次《ひでつぐ》を入れ、安土城の城下町を移してしまった。さらに城郭の一部も八幡山城に移築され、こうして安土城は朽ちるのを待つだけとなったのだった。

現在、安土城の姿を伝えるのは、太田牛一の『信長公記』『安土日記』、ルイス・フロイスが著した『日本史』などわずかな史料だけで、断片的なものに過ぎない。そんななか、安土城を寸分違わず描写した絵に『安土山図屏風』がある。信長が当時もっとも著名だった画工・狩野永《かのうえい》徳《とく》（息子の現七郎とも）に描かせた

---

**狩野永徳（1543〜1590）**
室町幕府の御用絵師となった狩野正信の孫で、早くから画才を発揮。日本画のもっとも代表的な流派である狩野派全盛の基礎をつくった。「天下一の画家」として織田信長の安土城建設に参加し、豊臣秀吉の大坂城や聚楽第などに豪壮雄大な障壁画を制作した。

一双の屏風絵で、イタリアの宣教師アレッサンドロ・ヴァリニャーノを通じ、最終的にローマ法王・グレゴリオ13世に献上されたという。だが、バチカン宮殿の「地図の画廊」に展示された後、この屏風絵は行方不明となっている。

献上された数日後の1585年3月30日に画廊に所蔵されたという記録がバチカンの外交文書で確認されているが、その後の画廊修復工事で動かされた可能性が高いという。安土城の全貌を捕らえた屏風もまた、幻のままなのだ。

**アレッサンドロ・ヴァリニャーノ（1539〜1606）**
イエズス会の東洋巡察使として1579年に来日。九州諸大名を教化し、1581年には織田信長の知遇を受けた。印刷機をもたらしてキリシタン版の出版を行ったことでも知られる。

## 空海は生きながら仏となり、今も高野山で修行を続けている⁉

真言宗の開祖であり「弘法大師《こうぼうだいし》」の諡号《しごう》でも知られる空海は、宝亀5年（774）に讃岐国で生まれた。幼名を真魚《まお》といい、延暦7年

（７８８）に京に上って勉学に励み、18歳で京の大学寮に入った。だが、世俗の学問に限界を感じていた空海は、19歳を過ぎた頃から僧としての道を歩み出し、幅広く仏教思想を学びながら和歌山や四国の山岳で修行を重ねていった。

空海によって開かれた高野山（和歌山県伊都郡）

この頃、彼は久米寺の東塔に納められていた密教の経典『大日経《だいにちきょう》』に出会う。この密教との出会いが、空海の今後の人生を決定づけたといっていいだろう。密教を深く知るにためは「師」に付き、書物では伝えきれない教えを直接学ぶべきと考えた空海。唐《とう》で師となる人物を見つけるため、延暦23年（８０４）、31歳の時に留学僧として遣唐使船に乗り込んだのだった。なお、この遣唐使船には偶然

**密教**
「秘密に説かれた深遠な教え」の意で、秘密教の略称とされる。大日如来を宇宙の実相を体現する根本仏とし、加持・祈禱を重んずるのが特色。７世紀頃にインドで興ったとされ、中国、そして日本へと伝わった。日本には東密（真言宗）と台密（天台宗）の２つの系統がある。

**遣唐使**
７～９世紀に朝廷が唐に派遣した使節。大陸の制度・文化・技術などを輸入することを主な目的とした。６３０年に第一次遣唐使として犬上御田鍬（いぬかみのみたすき）らを派遣して以来、10数回派遣された。

にも、のちに平安の二大仏教の１つ、天台宗の開祖となる最澄《さいちょう》も乗っていた。

唐に渡った空海は、真言密教の第七祖である長安青龍《せいりゅう》寺の恵果《けいか》和尚に師事し、半年にわたる修行で密教の奥義を会得。胎蔵《たいぞう》界、金剛界、そして密教の正統位である伝法阿闍梨《あじゅり》位の灌頂《かんじょう》を受けて、真言密教の第八祖となった。

入唐から２年後に帰国。その際には、膨大な経典と仏画、師である恵果和尚から授かった密教法具を持ち込み、目録（『請来《しょうらい》目録』）として朝廷に献上している。

その後弘仁７年（８１６）、空海は嵯峨天皇の庇護のもと、京の東《とう》寺《じ》を真言密教の根本道場とすべく造営する。それとともに、修行道場として高野山《こうやさん》を開創。真言密教の普及に努めながら、庶民教育や社会福祉まで広く行った。だが、天長８年（８３１）、57歳の頃には悪《あく》瘡《そう》ともいわれる病にかかっていたという。そして、承和２年（８３

**最澄**
**（767~822）**
日本天台宗の開祖。桓武天皇から勅命を受け、空海らとともに８０４年に入唐。翌年帰国し、天台宗を開創した。当初は空海を援助したが、やがて弟子の横取りなどが原因で絶縁したとされる。晩年は、比叡山に大乗戒壇を建立することに心血を注いだ。

5)、空海は65歳で没するが、その死には異なる2つの説がある。

空海の弟子であった真済《しんぜい》が著した『空海僧都《そうず》伝』によれば、直接の死因は病死とされる。さらに『続日本後紀《しょくにほんこうき》』には、空海の死に際して淳和《じゅんな》天皇が高野山に送った弔書が引用されており、そのなかに「荼毘」の文字がある。これらのことから、空海は病死後に火葬されたものと考えられる。

一方、死後1世紀ほど経つと、空海は「入定《にゅうじょう》」したとする説が登場した。これは、真言宗小野流の祖である仁海《にんがい》が著した『金剛峰寺建立《こんごうぶじこんりゅう》修行縁起《しゅぎょうえんぎ》』などに記述があるが、空海は生きながら仏となり、今も高野山奥の院の霊廟で禅定を続けているというのだ。現在も高野山では空海は入定しているとし、1日に2度食事が運ばれ、毎年衣服も交換されている。ただし、給仕するのは維那と呼ばれる僧で、彼らは絶対に口外しないため、部外者が霊廟内の模様を知る術はない。この先も、空海の今現在が世間に明らかにされることはないだろう。

---

**入定**
生死を度外視した究極の修行の1つ。煩悩を捨て去り無我の境地に入るため、食を摂らず、座して姿勢を崩さず、その肉体のみをこの世に残す修行を指す。空海は835年3月21日、62歳の時に高野山で弟子たちに見守られながら入定したという。

## 晩年に次々と襲った不幸！藤原道長の本当の死因とは？

平安時代の藤原氏は娘を次々と后に立て、幼い天皇の外戚《がいせき》として政治の実権を掌握した。その藤原氏の全盛期を築き上げ、その権勢は天皇をも凌いだといわれるのが藤原道長《ふじわらのみちなが》だ。

「この世をば　わが世とぞ思ふ　望月《もちづき》の　欠けたることも　なしと思へば」という有名な歌を道長が詠んだのは、寛仁2年（1018）、三女の威子《いし》が後一条天皇の中宮に入内《じゅだい》した祝宴でのこと。この時道長の3人の娘は同時に后位についており、歌のとおり、道長の思うようにならないことは世にひとつもなかった。

しかし、栄華を極めた道長の晩年が、悲劇的なものだったことはあまり知られていない。

まず、道長の身体に異変が起きた。藤原実資《さねすけ》の日記『小右記《しょうゆうき》』には、

---

**外戚政策**
自分の娘を天皇の后とし、生まれた皇子を幼いうちから天皇に立て、天皇の外祖父として一族の勢力を強化することを指す。藤原氏は、天皇が幼少時は摂政として、また成人したのちは関白として天皇の後見人となり、国政の実権を握り続けた。

「日がな一日水を飲み、けれど口は渇きが収まらない」と道長の様子がある。それだけでなく、強烈な胸の痛みに襲われ、意識を失うこともあった。また、目の病にも冒され、目が見えなくなった道長は、顔を近づけても相手が誰かわからなくなっていたという。

病気の原因は怨霊の祟りと考えた道長は出家し、寛仁3年(1019)に法成寺《ほうじょうじ》の建立を開始。阿弥陀堂の無量寿院《むりょうじゅいん》が完成すると、そこで念仏を唱えて日々を送った。

ところが、今度は子どもたちを相次いで失う。万寿2年(1025)に娘の寛子《かんし》、嬉子《きし》がはしかで病死すると、その2年後に三条天皇の中宮になっていた次女・妍子《けんし》、三男・顕信《あきのぶ》が死去する。

子どもたちの死にショックを受けた道長は衰弱し、危篤に陥った。だが、やがて道長の背中には大きな腫れ物ができてしまい、仰向けになって寝ることもできない。最期まで苦しみながら、万寿4年(1028)12月、道長は無量寿院で息を引き取った。享年62。僧侶たちの読

**藤原道長(966~1027)**

藤原兼家の五男だったが政争に勝ち、995年に右大臣、氏長者となって政権の座についた。1016年に左大臣を経て、摂政に昇進。翌年に子の頼通に摂政を譲り、自身は太政大臣となって表向きは引退したが、政治の実権は握り続けた。この間、3人の娘を皇后として政権を独占し、藤原氏の全盛時代を現出した。

経のなか、自身も念仏を口ずさみ、極楽浄土を願いながら往生したという。

数々の非道の祟りで死んだとも噂された道長だが、現在では糖尿病に罹患していたことが有力視されている。『小右記』に記された、のどの渇き、急激な体重減少、視力障害などは糖尿病の主症状である。貴族社会の頂点にいた道長は贅を極め、食事もたいそう豪勢だったはずだ。他人を蹴落とし栄華を誇った道長のツケは、祟りではなく、糖尿病として現れたといえるかもしれない。

## 種子島に伝来した後、鉄砲はどうやって国産化された?

天文12年(1543)8月25日、九州の種子島《たねがしま》西岸に一隻の明《みん》船が漂着した。船には100名余りが乗っており、そのなかにいた2人の

**小右記**
右大臣・藤原実資の日記。著者である実資が「小野宮右大臣」と呼ばれたことからこの記名といわれる。藤原道長・頼通がもっとも栄えた982~1032年の記事が伝わり、宮廷の儀式などを中心に詳細な記述がある。道長の「この世をば…」の歌もこの日記に書きとめられていたものである。

『長篠合戦図屏風』に見える織田軍勢の鉄砲隊（徳川美術館蔵）

ポルトガル商人が島主の種子島時堯《ときたか》の前に連れてこられる。時堯はポルトガル人が持っていた奇妙な鉄の筒に着目した。これが鉄砲、西洋式の火縄銃だった。

射撃の実演を見てその威力に驚いた時堯は、大金を投じて鉄砲２挺を譲り受けた。その買い値は２０００両。現在の通貨に換算すれば、２億円相当といわれている。

鉄砲を手に入れた時堯は射撃術を習い、練習に励んだ。そして、笹川小四郎に火薬の調合法を研究させ、刀鍛冶の八板金兵衛《やいたきんべえ》には鉄砲の国産化を命じたのだった。

時尭は貴重な2挺のうちの1挺を金兵衛に渡して調べさせた。金兵衛はこれを分解して構造を研究したが、筒底を塞いでいた「ネジ」の仕組みがどうしてもわからない。当時の日本には、ネジを切る技法が存在しなかったのだ。金兵衛は鍛接《たんせつ》のような古くからの技法で筒底を固定したため、試作品の鉄砲は暴発したり破損した。時尭に鉄砲を壊して調べることを願い出るも許されなかった金兵衛は、ポルトガル人に教えを請う。ただ、その見返りとして求められたのは、金兵衛の娘・若狭《わかさ》だった。

そして自分の娘を南蛮人に嫁がせることで、金兵衛はやっとネジの技法を習得できたのだった。

この新技法によって2挺の国産鉄砲が完成し、その後種子島では1年余りの間に数十挺が量産されたという。さらに国産鉄砲は本土へと伝搬している。

---

**鍛接**
柔らかい鉄と硬い鋼など、金属の2片を融点近くまで加熱し、槌で打ったりプレスしたりして接合する方法。最も古くから行われてきた金属接合法であり、今日でも利用されている。

**鉄炮記**
種子島久時の依頼により、薩摩の禅僧・南浦文之(なんぽぶんし)が編纂。久時の父・時尭がポルトガル人から鉄砲を入手したいきさつや製法確立の過程が記されており、日本への鉄砲伝来の来歴を伝える基本文献とされる。1606年に成立。

『鉄炮記《てっぽうき》』によれば、紀伊吐前《はんざき》城主の津田監物《けんもつ》は、鉄砲伝来を知ると種子島に渡海し、2挺のうち1挺を買い受けた。そして、紀伊根来《ねごろ》に持ち帰って刀鍛冶の芝辻清右衛門《しばつじせいえもん》に複製を命じ、天文14年（1545）には紀州第一号の鉄砲を誕生させている。監物は津田流砲術の祖となり、根来は鉄砲傭兵集団・根来衆の発祥となった。

また、堺の商人・橘屋又三郎《たちばなやまたさぶろう》は種子島の八板金兵衛のもとに弟子入りし、その製法技術を堺に持ち帰っている（『鉄炮由緒書』）。堺で鉄砲の製造に励み、諸国に売りさばいた又三郎はやがて「鉄砲又《てっぽうまた》」の異名をとる鉄砲商人に至り、堺は全国有数の鉄砲産地となった。

鉄砲は当初、狩猟用として使われていたが、島津家が天文18年（1549）の黒川崎の戦いで初めて戦場の武器として使用したとされる。織田信長は3000挺の鉄砲を用意して鉄砲隊を組織し、天正3年（1575）の長篠の戦いで甲斐武田軍の騎馬隊を散々に打ち破った。

---

**長篠の戦い**

1575年に三河国長篠城西方の設楽原で、織田・徳川連合軍が、武田勝頼の軍を破った戦い。織田軍は当時としては異例の約3000人の足軽鉄砲隊を主戦力とし、武田の騎馬隊を壊滅した。鉄砲の威力を天下に知らしめ、以後の戦術・戦法に大きな影響を及ぼした戦いといわれる。ただ、3000挺という鉄砲の数や織田軍が「三段撃ち」の戦法をとったとするこれまでの定説は、近年は疑問視されている。

鉄砲伝来から約50年後、慶長5年（1600）の関ヶ原の戦いでは5万挺の鉄砲が使われたが、すべて国産であった。

## 坂本龍馬暗殺後、海援隊はどんな道をたどったか

坂本龍馬が設立した「海援隊《かいえんたい》」は、〝日本最初の株式会社〟と称される亀山社中《かめやましゃちゅう》を前身に持つ。亀山社中は薩摩藩から資金提供を受け、武器の調達や物資の運搬で利益を得ていたが、慶応3年（1867）4月、〝株主〟を土佐藩に変えて土佐藩付属の組織として再編成された。これが海援隊だった。

海援隊は、脱藩者、海外開拓の志を持つ者であれば誰でも入隊資格者とした。隊の目的は「運輸、射利《しゃり》、開拓、投機、本藩（土佐藩）の応援をなすを主とす」である。射利とは「手段を選ばずに利益を追求

**グラバー商会**
トーマス・グラバーがジャーディン・マセソン商会の長崎代理店として設立。武器・弾薬、軍艦の調達経路を握り、西南雄藩に積極的に売り込んだ。しかし期待した日本の内戦は長期化せず、軍需物資は売れ残り、諸藩からの資金回収も滞ったため1870年に倒産した。

する」という意味の言葉で、海援隊が現代の企業のような意識で商業活動を行っていたことをよく表しているといえるだろう。

海援隊の活動期間は亀山社中時代を加えても、慶応元年（1865）から同4年（1868）の3年余りと短い。しかし、時代は幕末。龍馬は長崎のグラバー商会などと取り引きし、武器や軍艦などの兵器を倒幕諸藩に斡旋。また、武器の仲介で薩摩藩と長州藩を結びつけ、険悪だった両藩の関係を修復し、薩長《さっちょう》同盟の締結に大きな役割を果たしている。

慶応3年（1867）4月23日には、海援隊が運用していたいろは丸と紀州藩の明光《めいこう》丸が瀬戸内海で衝突し、いろは丸が沈没する事件が起こった。龍馬は一方的に紀州藩の非を責め、多額の賠償金を手に入れる。これによって海援隊は、潤沢な活動資金を手に入れた。

ところが、それから間もない同年11月15日、龍馬が京の近江屋で暗殺されてしまう。海援隊は突如として、絶対的な指導者を失ったのだっ

---

**薩長同盟**

1866年に薩摩藩と長州藩が結んだ倒幕の軍事同盟。長州藩の木戸孝允と、薩摩藩の西郷隆盛、小松帯刀（たてわき）とが京都で会見し、締結した。藩論を公武合体から討幕に統一した西郷が、坂本龍馬と中岡慎太郎の仲介で、それまで反目しあっていた長州藩に接近し、実現したといわれる。

た。では、その後海援隊はどうなったのだろうか？
陸奥陽之助《むつようのすけ》（宗光《むねみつ》）、沢村惣之丞《そうのじょう》らを中心とする海援隊隊士は、龍馬暗殺の黒幕は「いろは丸事件」で因縁のある紀州藩だとにらんだ。そこで、陸援隊《りくえんたい》隊士らとともに京の天満屋《てんまや》を襲撃し、紀州藩士・三浦休太郎《きゅうたろう》を襲った。だが、危険を察知していた三浦は新選組を警護につけていたため取り逃がしてしまう。襲撃は未遂に終わった。

そして幕府から大政が奉還され、王政復古の大号令が発布されると、海援隊は新政府方に属して戊辰戦争を戦うことになる。

この時、海援隊は京都と長崎に分かれて活動していた。龍馬の秘書兼書記官だった長岡謙吉《ながおかけんきち》ら京都隊と、菅野覚兵衛《すがのかくべえ》らが中心となっていた長崎隊である。

長崎の菅野ら十数名の隊士たちは、土佐藩大監察の佐々木高行《たかゆき》と合流。長崎奉行所を占拠し、一時無法状態となっていた長崎の治安維持に努めている。その後は、長崎遊撃隊と結びついて「長崎振遠隊《しんえんたい》」を

---

**陸奥宗光（1844～1897）**
紀伊藩を脱藩し、海援隊に参加。明治維新後は兵庫県知事、神奈川県令などを務め、のち山県有朋内閣の農商務大臣を経て、第2次伊藤博文内閣の外務大臣に就任。条約改正交渉に成功し、日清戦争開戦から三国干渉にいたる難局に対処するなど、大きな功績を挙げた。

**陸援隊**
1867年に中岡慎太郎によって編成された討幕組織。土佐浪士を中心に総員は100名を数え、洋式調練が施された。近江屋事件で慎太郎横死後は、田中光顕・谷干城らが指導し、鳥羽・伏見の戦いでは、高野山に陣取って紀州藩を牽制した。

結成し、奥羽地方へ転戦していく。

一方、京都にいた長岡ら12名の隊士は、海援隊が得意とする海軍力を駆使し、瀬戸内海東部へと出撃。幕府天領の小豆島を接収し、讃岐諸島を鎮撫すると、長岡は土佐藩により新たに海援隊隊長に任命された。だが、その後長岡は新政府のもとで海軍創設を目指し、建白書を提出するも認められなかった。そうこうしているうちに新政府への出仕を希望する者が現れ、海援隊の結束はゆるんでいった。

こうして各地に分散して活躍していた海援隊だったが、実のとこ

坂本龍馬と海援隊。左から長岡謙吉、溝渕広之丞、坂本龍馬、山本洪堂、菅野覚兵衛、白峰駿馬

ろは分裂状態だったといっていい。結局、慶応4年（1868）閏《うるう》4月、海援隊は藩命により解散となる。龍馬暗殺から半年足らずであっけない幕切れだった。

解散後には船や水夫が残されたが、それらを譲り受けたのは龍馬の旧知だった岩崎弥太郎《いわさきやたろう》だった。弥太郎は海運業を見事成功させ、三菱財閥の基盤を築くことになる。海援隊の〝商の道〟は、弥太郎の三菱へとつながっていったといえるのかもしれない。

## 生存者は敵も味方も悲劇…「桜田門外の変」のその後

季節外れの雪模様だった安政《あんせい》7年（1860）3月3日の早朝、江戸城へ登ろうとしていた彦根藩主で大老の井伊直弼《いいなおすけ》が、尊王攘夷《そんのうじょうい》派の水戸浪士ら18名によって襲撃された。直弼の行列は警護の20名を含

**岩崎弥太郎（1834～1885）**
土佐藩の郷士に生まれる。後藤象二郎と結んで土佐藩の海運業を握り、廃藩置県後は藩船などの払い下げを受けて三菱商会を興した。その後、政府の保護を受けて、軍需品輸送で巨富を積み、三菱財閥の基礎を築き上げた。

めた総勢60名だったが、不意を襲われた彦根藩士たちは遁走し、または倒さた。駕籠《かご》から引きずり出された直弼は首を刎ねられて即死する。直弼は安政5年（1858）から翌年にかけて尊王攘夷派の大名や志士を徹底的に弾圧する「安政の大獄《たいごく》」に踏み切っていたが、それに対する報復だった。

襲撃者は総指揮役の関鉄之介《せきてつのすけ》、検視見届《けんしみとどけ》役の岡部三十郎《おかべさんじゅうろう》ら水戸浪士17名に薩摩藩士・有村次左衛門《ありむらじざえもん》を加えた18名だったことから、桜田十八烈士とも呼ばれる。襲撃に参加したのは関、岡部を除く16名で、そのうち1名がその場で彦根藩士に斬り倒されて死亡。直弼の首級をあげた有村をはじめ、4名が逃走中に力尽きて自刃した。8名は最寄りの大名屋敷に自訴（自首）したが、戦闘で深手を負っていた2名がまもなく落命、その後1名が病死している。重傷を負うことなく現場から離れられたのは3名で、彼らはのちに関、岡部と合流すべく京へと向かった。

**尊王攘夷**
天皇を尊び政治の中心とする「尊王」と、外国を斥けようとする「攘夷」とが結びついた思想。本来は別の系譜に属する思想であったが、幕末期に政治スローガンとなって広く下級武士の間にまで浸透した。長州藩などが藩論として掲げたが、攘夷が難しいことを悟ると、以後は尊王倒幕へと展開していった。

一方、襲撃を受けた彦根藩側も戦闘で4名が即死、重傷を負った4名がまもなく亡くなっている。さらに負傷者は13名にのぼったという。

時の幕府の首脳が暗殺され、白一色の江戸城外を赤く染めたこの事変は「桜《さくら》田《だ》門《もん》外《がい》の変」として知られる。だが、桜田門外の変は、事変後もまた血塗られていたのだった。

大名屋敷に自訴し、生き残っていた5名は、取り調べののち全員に打ち首が申しつ

**安政の大獄**

1858〜1859年に、大老の井伊直弼が尊皇攘夷派に加えた厳しい弾圧。日米修好通商条約の調印と徳川家定の将軍継嗣決定に反対した公家・大名や志士など100余名を処罰した。前水戸藩主・徳川斉昭は謹慎に処され、吉田松陰・橋本左内ら8名を死刑とした。

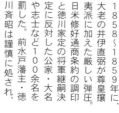

桜田門外の変を描いた月岡芳年『安政五戊午年三月三日於イテ桜田御門外ニ水府脱士之輩会盟シテ雪中ニ大老彦根侯ヲ襲撃之図』（国会図書館蔵）

けられた。そして事変翌年の文久元年（1861）7月26日、日本橋小伝馬《こでんま》町の処刑場で斬首。

首謀者の関と岡部は大坂に向かったが、その後水戸に戻って潜伏していた。実は直弼暗殺計画には続きがあり、暗殺と同時に薩摩藩兵が大坂で挙兵し、京都を制圧して幕府から朝廷を守るはずだった。しかし、その約束は薩摩側から反故にされ、挙兵の不可を悟った2人は水戸に戻るしか

**伝馬町牢屋敷**

江戸時代に、未決囚や刑の執行を待つ者を収監した施設で、今でいうと拘置所に近い。安政の大獄では、吉田松陰や高野長英らも収容された。現在の中央区日本橋小伝馬町一帯を占め、広さは2618坪。牢内は牢名主を筆頭とした囚人による自治制のかたちがとられ、牢屋役人ですら手の出せない世界だったという。

なかった。水戸藩領内を転々とした後、江戸に舞い戻った岡部は吉原で捕縛、関もまた越後へと逃れていたが湯沢温泉で捕らえられた。そして岡部は文久元年に、関もその翌年に小伝馬町で斬首となった。

襲撃の実行者でほぼ無傷で逃れた3名は、広木松之介《ひろきまつのすけ》、海後磋磯之《かいごさきの》介《すけ》、増子金八《ましこきんぱち》といった。広木は剃髪して鎌倉に潜伏していたが、同志が皆斬首されたことを知ると絶望し、桜田門外の変の三周忌となったその日に切腹して果てている。追っ手から逃れ、明治時代まで生き延びることができたのは海後と増子の2名だけだった。

会津や越後に潜伏していた海後は明治維新後、郷里に戻ると警察官になり、退職後は神主となって76歳まで生きた。井伊直弼暗殺事件について生前は口にしなかったが、遺稿として襲撃の一部始終を『春雪《しゅんせつ》偉談《いだん》』などにまとめている。一方、商人に紛れて明治を迎えた増子は、事変について一切黙したまま、59歳でその生涯を終えた。

なお、桜田門外の変から2年後、襲撃された側である彦根藩士たちに対しても藩から処分が下されている。幕府の配慮によって取り潰しこそ免れた彦根藩だったが、そのやり場のない憤りは事変の生存者へと向けられたのである。罪状は直弼の護衛に失敗し、家名を辱めたこととされた。

しかしその沙汰は過酷なもので、重傷者は藩領の飛び地である下野国佐野に配流されて幽閉、軽傷者には切腹が命じられ、無傷だった者は斬首のうえお家断絶である。処分は駕籠かきにまで及び、斬首による刑死者は７名を数えた。生きて助かった者は仲間から許されず、またしても血が流されたのだった。

彦根藩井伊家 14 代の居城・彦根城。桜田門外の変後、彦根藩は 10 万石の減封に処された（滋賀県彦根市）

## 京都から追放後、室町幕府最後の将軍足利義昭が開いた「鞆幕府」

備後国の鞆《とも》の地（現・広島県福山市）は、潮待ちの港として古くから栄えてきた瀬戸内の要衝だ。同時に室町幕府にとって因縁浅からぬ土地でもある。

延元元年（1336）に九州多々良浜《たたらはま》の戦いに勝利した足利尊氏は、上京する途中で鞆の地に立ち寄り、小松寺を本陣とした。尊氏はここで光厳上皇から新田義貞追討の院宣を受けることに成功する。これによって朝敵という汚名を返上することができた尊氏は京都へ攻めのぼり、室町幕府を開くことができたのだ。それからちょうど240年後の天正4年（1576）、室町幕府最後の将軍・足利義昭《よしあき》が同じ小松寺に身を寄せた。再起をかけるためにである。

歴史の教科書を開くと、室町幕府の滅亡は元亀4年（1573）と

---

**多々良浜の戦い**
1336年、京都での戦いに敗れ九州に逃れた足利尊氏と、九州南朝方との合戦。宗像大宮司らの援軍を得た尊氏が、筑前多々良浜で、九州最大の南朝勢力である菊池武敏を破った。余勢を駆って東上した尊氏は、湊川の戦いで新田義貞・楠木正成の軍を破り、京都を制圧。室町幕府を開いた。

なっている。この年、織田信長は義昭を京都から追放した。それまで信長は義昭を擁することで天下に号令を発していたのだが、これ以降は信長自身が天下人として立ったことになる。だが、厳密に考えるとこれはおかしい。義昭は京都から追われたものの、将軍職を解任されたわけではない。かつて室町幕府10代将軍・足利義稙《よしたね》が、明応の政変で失脚した後に将軍職へ復帰した前例もある。事実、当時の公式記録『公卿補任《くぎょうぶにん》』には「義昭は征夷大将軍であり続けた」という内容が書かれているのだ。

義昭が、当時毛利輝元《もうりてるもと》の

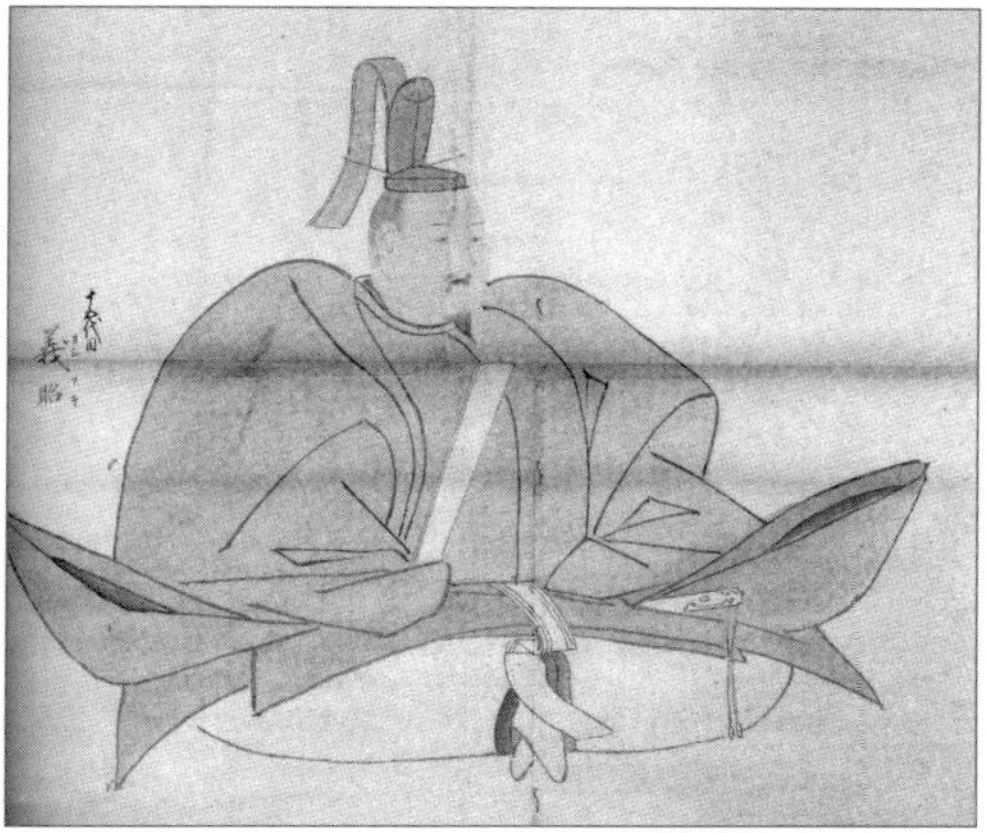

信長と対立すると「信長包囲網」を形成した足利義昭（東京大学史料編纂所蔵）

**足利義昭（1537〜1597）**

室町幕府15代将軍。はじめ興福寺一乗院に入り覚慶と称したが、兄の13代将軍・義輝が三好三人衆らに殺害されたため還俗。義秋、のち義昭と改め、織田信長と結んで室町幕府を再興する。だが、のちに信長と不和が生じて京都を追われ、室町幕府は滅亡した。

勢力下にあった備後国・鞆に入ったのは天正4年（1576）のことである。冒頭に述べた小松寺で歓待を受けた義昭は鞆城へと移り、室町幕府の再興と京都奪還を目指すことになる。

これが「鞆幕府」である。鞆幕府は義昭による亡命政権と考えた方が実像に近い。実際に義昭は幕府の中枢を構成していた奉公衆《ほうこうしゅう》や奉《ぶ》行衆《ぎょうしゅう》を伴って、近臣や大名を室町幕府の役職に任命するなどの活動を行っていた。そのため信長勢力圏以外では、追放前と同程度の権威を保ち続けていたのだった。また、京都五山の住持《じゅうじ》任命権も足利将軍家が握っていたため、任命による礼金収入もあった。さらに、李氏《りし》朝鮮の記録である『朝鮮通行大記《ちょうせんつうこうたいき》』には日本国王に返書を送った記述が見られるが、この日本国王とは義昭のことである。おそらく毛利家が明や朝鮮との交易の際に〝日本国王〟として義昭の名前を使うのがいいと考えたのだろう。

義昭が鞆にいた天正10年（1582）に仇敵・信長は、本能寺の変

---

**毛利輝元（1553～1625）**
毛利隆元の子で、元就の孫。1563年に父の急死で家督を継ぐ。信長と対立し、羽柴秀吉と備中高松城で交戦したが、本能寺の変に際して秀吉と和睦。以後は秀吉に仕え、五大老の一人となり、中国9国に112万石を領した。しかし、関ヶ原の戦いで西軍の総大将として参加したため、戦後、所領を長門・周防2国に削られた。

で明智光秀《あけちみつひで》に討たれた。その後も義昭は諸国の大名に盛んに書状を送るなど、活発な政治活動をしていたが、信長の業績を引き継いだ豊臣秀吉が覇権を握ると、次第にその活動は少なくなっていく。

義昭が正式に征夷大将軍の座を降りたのは、天正16年（１５８８）のことである。この時、名実ともに室町幕府が滅亡したといっていい。将軍職を辞した義昭は同年10月に京都に帰還すると、授戒《じゅかい》して名を昌山《しょうざん》（道休）と改めた。義昭は６歳で興福寺一条院跡に入り覚慶《かくけい》を名乗っていたが、再び僧籍に入ったのである。同時期に准三宮の宣下を受けているので皇族と同等の待遇を受けることになった。

その後は秀吉の御伽衆《おとぎしゅう》として庇護を受け、山城槙島《まきしま》の地に１万石を拝領している。秀吉による朝鮮出兵の折には由緒ある奉行衆などの名家による軍兵２００騎を従えて自ら肥前国名護屋《なごや》に参陣した。石高は少なかったものの、元将軍ということもあり殿中では大大名以上の待遇を受けていたようだ。

---

**御伽衆**
主君の側に侍し、話相手をする役で、御咄（はなし）衆ともいう。相応の経験と話術の巧みさが要求されるため、古老格が起用されることが多く、武辺咄や諸国咄をした。周防の大内氏が始まりとされるが、やがて武田、毛利、豊臣氏など広く戦国大名間で流行した。

**鎌倉公方**
室町幕府が東国支配のために鎌倉に設置した、鎌倉府の長官。関東８か国と甲斐国・伊豆国の10か国を治めた。１３４９年、足利尊氏の二男・基氏が初代鎌倉公方となって以降、基氏の子孫が代々世襲した。

慶長2年（1597）に腫れ物を病み、義昭は大坂城中で死去。享年61だった。足利将軍家はここに断絶し、以降は尊氏の子・基氏《もとうじ》を祖とする鎌倉公方《かまくらくぼう》家が足利氏の名跡を伝えた。

## 徳川綱吉の死後わずか3日で廃止された「生類憐れみの令」の顛末

歴史上数多くつくられた法令のなかでも、とりわけ人々を悩ませたのが江戸時代の「生類憐《しょうるいあわ》れみの令《れい》」だ。犬などの動物から小さな虫に至るまでの殺生を禁じたこの法令は、「天下の悪法」といわれた。5代将軍・徳川綱吉《とくがわつなよし》によって貞享4年（1687）に制定されると、綱吉の在任期間中にのべ130回発令され、保護の対象は犬、猫、牛、馬、鶏、魚、虫にまで広がっていった。

特に犬は異常なほど保護され、綱吉は諸大名に命じて江戸西郊の四

**徳川綱吉（1646〜1709）**
3代将軍・家光の四男で、1680年に上野国館林藩主から5代将軍職を継いだ。当初は昌平坂学問所を整備して学問の興隆を図り、勘定吟味役を創置して不正代官を処分するなど文治政治に努めた。しかし晩年は側用人の柳沢吉保に政治を任せ、「生

谷や大久保、中野などに巨大な犬小屋をつくらせ、そこに野犬を収容させた。最も大規模だった中野の犬小屋では、16万坪もの広大な敷地に10万匹ともいわれる犬を保護し、えさ代は年間９万８０００余両（現在のお金の価値で数十億円！）に及んだという。それでも収納しきれなくなった犬は、１匹につき年間金２分の養育費が貸しつけられ、周辺の村々の農民に預けられた。

また、違法者に対する刑罰は厳しく、襲いかかってきた犬を斬り殺した武士は切腹、町人は斬首されて晒し首となった。鳥を殺して売っていた与力・同心11人は切腹を命じられ、その子どもまで流刑に処された。側用人・喜多見重政《きたみしげまさ》の小姓《こしょう》は、額に止まった蚊を叩きつぶした咎《とが》によって切腹を命じられたというから驚きである。

こうして〝悪法〟生類憐れみの令は22年にわたって続けられた。綱吉は末期にも、後継者である家宣《いえのぶ》を病床に呼び「この法だけは絶対に廃してはならぬ。１００年ののちまで残すように」と厳命している。

---

類憐みの令」を発して民衆の反感を買い、「犬公方」とあだ名された。

**徳川家宣（1662〜1712）**
甲府藩主・徳川綱重の長男で、のち綱吉の養嗣子となる。１７０９年に6代将軍職を継ぐと、柳沢吉保を罷免し、間部詮房（まなべあきふさ）、新井白石を重用して政治の刷新を図った。財政の立て直しや司法改革、儀式典礼の整備を進めたが、在任3年余りで死去した。

また家宣も、将軍が代わってからも遵守することを約束した。

だが、宝永6年（1709）1月10日に綱吉が死去すると、その3日後、家宣は綱吉の棺の前で宣言する。

「これ以上人々の苦しみを見てはいられない。あえて（綱吉の）遺命に背く」（『徳川実紀《とくがわじっき》』）

そして、生類憐れみの令を廃止してしまった。この日は綱吉の葬儀の2日前でもあった。同時に、犬を殴った罪や魚釣りをした罪などで謹慎や流罪、財産没収などに処されていた人々を赦免した。その数は8000人に及んだといい、家宣の善政に庶民たちは喜び、名君の誕生を大いに歓迎したという。

ちなみに生類憐れみの令を廃止後、野犬を収容していた犬小屋も直ちに廃止され、犬たちは追い出された。一説には庶民への下げ渡しが行われたとされるが、長年の悪法を憎む人々の標的とされ虐待されることもあったようである。もっと大変だったのは犬の飼育にあたって

---

**徳川実紀**

江戸幕府が編纂した516巻からなる徳川家の史書。大学頭・林述斎を監修として、成島司直を中心とした20名余で編修。1809年に起稿し、35年の歳月を費やして1849年に完成した。初代・家康から10代・家治まで、各将軍の事績が編年体で叙述され、逸話については付録としてまとめられた。なお、11代・家斉以降は「続徳川実紀」として編纂されたが、未完となっている。

いた農民たちで、それまでに幕府から受け取っていた養育金の返還を申しつけられ、莫大な借金を背負わされるケースもあったという。
すべての生命を尊重する慈愛の政策として、再評価される向きもある生類憐れみの令だが、元禄の世を騒がせたことは事実である。

## 銃撃された犬養毅の最期の言葉は「話せばわかる」ではなかった!

昭和7年（1932）5月15日夕方5時半頃、海軍の青年将校ら9人が突如首相官邸に押し入り、犬養毅《いぬかいつよし》首相を射殺した「五・一五事件」。海軍軍縮、昭和恐慌、満州事変をきっかけに、政府に不満を持った軍人によるクーデター事件である。襲撃を受けた犬養は「話せばわかる」と対話を試みるも、将校らの答えは「問答無用、撃て!」。銃撃される間際のこの文句もよく知られている。

**犬養毅**
**（1855～1932）**
1882年、立憲改進党結成に参加。1890年の第1回衆院選で当選以来、連続19回当選。政党政治の確立と普通選挙制度の実現に尽力し、1931年に政友会総裁、第29代首相となった。

だが、「話せばわかる」が犬養の最後の言葉だったかといえばそうではない。顔面や頭部に3発の弾丸を受けた犬養は重傷ではあったが、しばらく生きており、狼狽《うろた》える周囲を気遣う余裕さえあったという。

2組に分かれて首相官邸に突入してきた将校のうち先陣5人は、食堂に向かう犬養を発見するとただちに拳銃の引き金を引いたが、弾は発射されなかった。「撃つのはいつでも撃てる。あっちへ行って話を聞こう」。そういって将校らを制した犬養は自ら応接室へ誘導し、煙草入れの蓋をとって彼らに煙草を勧めながら、「靴でも脱いだらどうだ？話を聞こう」と語りかけたという。

銃口を向けられても至って冷静な犬養に5人は狼狽したが、そこに殺気立った後続の4人が駆け込んできた。そして「問答無用、撃て！」の大声とともに、9発の銃弾が放たれたのだった。

将校らが走り去った後、犬養の娘や孫、女中たちが応接室に駆けつけると、こめかみやあごに銃弾を受け、犬養は血みどろの姿になって

---

**五・一五事件**

首相官邸を襲撃し、犬養毅首相を射殺したことはよく知られるが、実行犯の海軍青年将校・陸軍士官学校生徒らは、他に内大臣官邸、立憲政友会本部、警視庁、三菱銀行、日本銀行、変電所などを襲撃している。彼らは、財閥や政党を倒し、軍部中心の政府をつくる計画であった。

いた。しかし、しっかりと座り、指に挟んだ煙草も落としていなかった。すがりつく家族をよそに「今の若いもんを呼んでこい、話して聞かせることがある」といい、平静を失っていなかったという。

ほどなく首相官邸には医師団が駆けつけ、外科的処置が施された。犬養は脈拍も呼吸も確かであり、三男に「9発のうち3発しか当たらんようじゃ兵隊の訓練はダメだ」と話すなど意識もはっきりしていた。

午後9時半頃に内部出血で吐血した際も「胃にたまった血が出ただけだ。これで気分が良くなった」と説明し、逆に家族を安心させようとする様子だった。しかし、その1時間後には意識が混濁

軍部を抑え、政党政治を貫いた犬養毅（国立国会図書館蔵）

するなど次第に衰弱し、午後11時26分、77歳でその生涯を閉じた。

なお事件後、関与した青年将校らは軍法会議にかけられたが、これだけの重罪でありながら誰一人極刑とはならず、判決は禁固刑に留められた。当時は政党政治による汚職が後を絶たず、多くの国民は五・一五事件の襲撃犯に同情的な立場を取ったのである。法廷に減刑嘆願書が山をなし、そのことも減刑につながったといわれる。

## 幕府に殉じた者・生き残った者
## 新選組隊士たちのその後

慶応3年（1867）10月14日に将軍・徳川慶喜が大政奉還を行った後も、新選組は京で反幕勢力の取り締まりにあたっていた。11月には、新選組を離脱した伊東甲子太郎《いとうかしたろう》率いる御陵衛士《ごりょうえじ》を殲滅。しかし翌月、その残党から襲撃を受けた新選組局長・近藤勇《こんどういさみ》は重傷を負ってしまう。近藤が離脱した新選組は、副長・土方歳三《ひじかたとしぞう》の指揮のもと、翌年1月に鳥羽・伏見の戦いを迎えた。

## 幕府に殉じた近藤勇と土方歳三

鳥羽・伏見の戦いは新政府軍の勝利に終わり、新選組は旧幕府軍とともに艦隊で江戸へと戻った。江戸に戻った新選組は新政府軍の江戸進行を阻止すべく、幕府より甲州（現・山梨県）鎮撫を命じられ、組織も「甲陽鎮撫隊《こうようちんぶたい》」と改名した。近藤が復帰し、軍資金を得て兵力を増強した鎮撫隊は甲府へと進軍するが、

新選組局長として幕末の京でその名を轟かせた近藤勇（国立図書館蔵）

**御陵衛士**
薩摩藩など討幕派からの情報収集を名目に、新選組から分離。首領は、元新選組参謀の伊東甲子太郎。だが、伊東が近藤勇によって油小路で誅殺され、駆けつけた藤堂平助、服部武雄らも新選組に斬られると、御陵衛士としての活動は終わった。

**鳥羽・伏見の戦い**
戊辰戦争の緒戦。1868年1月3日、大坂を出発し、京都南郊の鳥羽、伏見から京都へ進撃しようとした旧幕府軍が、薩摩藩を中心とする新政府軍と衝突。兵1万5000の旧幕府軍は、新政府軍の3倍の兵力を擁していたが、士気は低く、大敗した。

新政府軍の動きはそれより早く、勝沼での戦いで敗れて江戸へ敗走。この途中、会津に落ち延びて再起を図ろうとする永倉新八《ながくらしんぱち》、原田左之助《はらださのすけ》と近藤らとの間で意見対立が生じ、永倉・原田らは袂を分かつこととなった。

再起を図るべく、江戸で新たに隊員を募集した近藤と土方が下総国《しもうさ》（現・千葉県）流山に布陣したのは慶応4年（1868）4月2日のことだった。しかし、新政府軍もすぐに展開し、翌3日には近藤が捕縛されてしまう。近藤は当初、「大久保大和《やまと》」という変名を名乗って弁明したが、新政府軍のなかに御陵衛士で近藤の顔を知っていた者がいたために素性が発覚。土佐藩士の谷干城《たてき》らが強硬に処断を求めたために4月25日、中仙道の板橋宿（現・東京都板橋区）にて斬首された。享年35。武士として切腹することは許されず、落とされた首は京に送られ三条河原に晒された。

なお、近藤の死から約1か月後、新選組旗揚げ前から近藤・土方の

---

**谷干城（1837〜1911）**
土佐藩士。戊辰戦争では土佐藩軍監として東北地方を転戦。西南戦争では熊本鎮台司令長官として、熊本城攻防戦を指揮している。同じ土佐藩出身の坂本龍馬を尊敬し、京の近江屋で龍馬が暗殺された際には真っ先に現場に駆けつけ、生涯をかけて龍馬暗殺犯を追ったといわれる。

**沖田総司（1844〜1868）**
江戸の天然理心流道場・試衛館の時代から近藤勇と行動をともにし、新選組では一番隊組長を務めた。一番隊は新選組のなかでも常に重要な任務をこなし、近藤の命令とあ

盟友だった沖田総司《おきたそうじ》も江戸で病死している。

近藤を失った新選組の残党は土方歳三の指揮下で転戦しながら北上し、仙台で旧幕府軍副総裁・榎本武揚《えのもとたけあき》の艦隊と合流。10月20日、蝦夷《えぞ》地（北海道）に渡って箱館の五《ご》稜郭《りょうかく》を占領すると、榎本は「蝦夷共和国」樹立を宣言する。土方は陸軍奉行に任じられ、軍事の全権を任されることになった。

しかし、明治2年（1689）5月11日、新政府軍の総攻撃が開始されると、蝦夷共和国軍の劣勢は明らかだった。海岸の弁《べん》天台場《てんだいば》に新選組本隊200名が孤立したことを知った土方は救

土方歳三が近藤勇の遺体の一部を葬ったとされる天寧寺の墓（福島県会津若松市）

---

らば沖田は暗殺すらいとわなかったという。池田屋事件直後に吐血して倒れ、肺結核により江戸で死去した。

**榎本武揚**
**（1836〜1908）**
オランダに留学後、幕府の海軍副総裁。江戸城無血開城後は幕府の軍艦引き渡しを拒否し、艦隊を率いて箱館の五稜郭に立て籠もり、新政府軍に反抗したが降伏した。のちに特赦され、明治政府に出仕。北海道開拓使を経て、ロシア公使になり、樺太・千島交換条約を締結。以後、逓信・外務・文部の各大臣を歴任した。

援に向かったが、一本木関門付近で被弾。馬上から転げ落ちた土方は、すでに絶命していたという。享年は近藤と同じ35だった。

箱館を占領していた旧幕府軍が新政府軍に降伏し、戊辰戦争が終結したのは土方が戦死してから7日後のことだった。戦死した土方の代わりに新選組隊長として降伏の書状に署名したのは、相馬主計《そうまかずえ》という隊士である。この署名をもって新選組は消滅した。

## 明治を生きた永倉新八と斎藤一

一方、近藤ら新選組から分裂した永倉新八、原田左之助は、旧幕臣や幕府歩兵を集めて「靖兵隊《せいへいたい》」を組織するが、程なく原田は江戸に引き返してしまう。原田は京都へ行こうとしたが、江戸がすでに新政府軍に抑えられていたことから、やむなく彰義隊《しょうぎたい》に加入。その後上野戦争に参戦し、敵兵2人を斬るなど奮戦するも、銃撃を受けて死亡したとされる。享年29。ただ、上野戦争を生き延びて新門辰五郎《しんもんたつごろう》の家に匿

---

**彰義隊**
1868年2月、渋沢成一郎を頭取、天野八郎を副頭取として結成された佐幕派の部隊。旧幕臣や諸藩脱走兵を中心に、最盛期の兵力は3000名を超えたが、やがて徳川慶喜の護衛を目的とする穏健派と新政府軍との抗戦を目論む強硬派に分裂。穏健派の渋沢らが水戸へ去ると、天野が隊の実権を掌握した。

**上野戦争**
1868年5月15日、江戸城無血開城を不満として、天野率いる彰義隊が上野寛永寺に立て籠もり、新政府軍と衝突。この戦闘に参加した彰義隊は600名程度だったとされるが、長州藩・大村益次郎の指揮による総攻撃

われ、下関から釜山《ぷさん》に渡航した原田は、大陸で馬賊《ばぞく》の頭目として後半生を送ったという驚きの異説もある。

永倉は旧幕府軍と合流し、宇都宮、会津などを転戦したが生き残って、新選組の生き証人として明治を生きた。敗戦後は苦労して江戸に戻り、しばらく潜伏した後、松前藩邸に自首している。家老・下国東七郎《しもくにとうしちろう》のはからいで帰藩すると、明治4年（1871）に北海道へと渡り、藩医・杉村松柏《しょうはく》の次女・よねと結婚。婿養子となり、名を杉村義衛《よしえ》と名を改めた。晩年は回顧録『新撰組

新選組の生き証人として回想録を書いた永倉新八。前列中央が永倉（北海道開拓記念館蔵）

とアームストロング砲の前に大敗。彰義隊は1日ともたずに壊滅した。

顛末記《てんまつ》』の執筆に協力するなど、元新選組幹部として証言を後世に残し、大正4年（1915）に77歳で病没した。

元三番隊組長・斎藤一《さいとうはじめ》も明治、そして大正を生きた一人である。斎藤は土方や新選組とともに会津戦争を戦ったが、仙台に向かった土方らとは袂を分かち、会津への忠義を貫いた。会津城外の如来堂《にょらいどう》の戦いでは十数名という寡兵《かへい》で新政府軍300名と戦闘し、会津藩降伏後、藩主・松平容保《まつだいらかたもり》の使者の呼びかけでようやく投降に応じたという。

戦後、斎藤は会津藩士とともに青森県下北半島の斗南《となみ》に流され、極寒の地で開墾作業に従事した。斗南では元会津藩主・松平容保の仲人で結婚し、名を「藤田五郎」に改めている。その後上京し、明治10年（1877）頃に警視庁の警察官となり、西南戦争では警視隊として出征。警視庁退官後は、東京教育博物館（現・国立科学博物館）の看守、高等師範学校の剣術師範、女子高等師範学校の庶務を務めるなど、藤田五郎として大正4年、71歳まで生きたのだった。

---

**会津戦争**

関東平定を果たした新政府軍と、奥羽越列藩同盟と結んで抗戦した会津藩との戦い。「白虎隊の悲劇」で知られるように、東北・北越戦線における最激戦となった。白川口を口火に、二本松、会津城下などが戦場となり、抗戦は1868年6月から9月にわたった。会津若松城の落城、会津藩の降伏により終結した。

**松平容保（1835～1893）**

幕末期の会津藩主。1862年に京都守護職となり、新選組や京都見廻組を支配下に置いて、洛中の治安維持を担当した。1864年の禁門の変では尊攘急進派の長州藩の一掃に成功したが、その

## 最後の局長と最後の生き残り

前述したとおり、新選組最後の隊長は相馬主計である。慶応4年（1868）4月、相馬は斬首となった近藤とともに新政府軍に捕らえられていたが、しばらくすると釈放され、土方と合流して箱館に赴いた。

翌年、箱館戦争で土方が戦死するとその4日後の5月15日、箱館奉行・永井尚志《ながいなおゆき》により新選組隊長に任命される。ただしもはや旧幕府軍に勝ち目はなく、体のいい敗戦処理役としての任命であった。同日の5月15日に相馬は新選組隊長として恭順の書状に著名し、5月18日には榎本武揚らが降伏して戊辰戦争は終結している。

戦後、新選組の全責任を負った相馬は終身流刑という重罪に処され、伊豆七島の一つである新島《にいじま》に送られた。とはいえ、島での生活は穏やかなもので、寺子屋を開いて子どもたちに読み書きを教え、身柄を預けられていた大工棟梁の娘と結婚している。ところが、明治5年

---

後の鳥羽・伏見の戦いに敗れると、徳川慶喜とともに江戸へ逃れた。会津戦争で新政府軍に抗戦したが降伏。のちに許されて東照宮宮司となった。

**箱館戦争**
1868年から翌年にかけて、榎本武揚を中心とする旧幕臣が新政府樹立を図り、新政府軍に抵抗した戦い。箱館五稜郭に拠って戦ったことから、五稜郭の戦いとも呼ばれる。元新選組副長の土方歳三が戦死し、榎本らは降伏。鳥羽・伏見の戦いから続いた戊辰戦争はこれをもって終戦した。

（１８７２）10月に赦免され、妻を伴って東京に帰った相馬は、まもなく割腹自殺して果てたという。妻にも「一切他言無用」と遺命したとされ、詳細はいまだ不明である。

ちなみに、新選組で最後まで存命したのは、池田七三郎《いけだしちざぶろう》という人物だった。死去したのは昭和13年（１９２８）１月16日、90歳だった。池田はわずか18歳で新選組に入隊し、鳥羽・伏見の戦いを経て、甲陽鎮撫隊にも従軍。その後、斎藤一とともに会津戦争の母成峠《ぼなりとうげ》の戦いをくぐり抜け、最後は銚子で高崎藩兵に降伏した。戦後は商人として生き、子母沢寛《しもざわかん》の回顧録『新選組聞書《ききがき》』に証言を残している。

池田の死をもって、新選組隊士は全員が世を去った。

# 第2章

誰かに話したくなる!

# あの歴史人物の「その後」

## 「聖徳太子」改め厩戸皇子は表舞台から姿を消した後どうなった？

氏族に関係なく個人の能力や功労に応じて位を与える「冠位《かんい》十二階」や、国家の官僚としての心構えを規定した「憲法十七条」を制定した聖徳太子《しょうとくたいし》は、最近の歴史教科書では「厩戸皇子《うまやどのおうじ》」の名前になっていることをご存じだろうか？　だからといって実在していなかったわけではなく、『日本霊異記《にほんりょういき》』上巻には「太子にはお名前が三つつけられていた。一つの名は厩戸豊聡耳《うまやととよとみみ》。二つには聖徳太子、三つには上《かみ》つ宮《みや》と申し上げた」と記されている。つまり厩戸皇子にはさまざまな呼び名があり、聖徳太子はその名前の１つだったと考えられるのだ。

さて、推古《すいこ》元年（５９３）に推古天皇の摂政《せっしょう》となった厩戸皇子は、政治体制の整備と中央集権化を進めるとともに、小野妹子《おののいもこ》を遣隋使として派遣して中国王朝との外交を１２０年ぶりに再開。国政と外交の

---

**冠位十二階**
603年に厩戸皇子が制定した冠位制。徳・仁・礼・信・義・智の6徳目を、それぞれ大小にわけて12種の位をつくり、冠の色によって区別した。個人の能力や功労に応じて位を与え、人材を登用しようとした。

**憲法十七条**
604年、厩戸皇子が定めた日本最初の成文法。憲法といっても今日の憲法とは異なり、和の尊重や天皇への服従など、役人や豪族などが守るべき心得を定めたものである。

大改革に指導力を発揮した。また、法隆寺や四天王寺を建立するなど、仏教の興隆にも多大に貢献している。

だが、厩戸皇子の政治家としての活動期間は意外と短く、遣隋使が派遣された推古17年（６０７）以降、政治の表舞台からその名前が見えなくなる。その後、推古30年（６２２）に49歳で没するまで、彼は仏教三昧の日々を送っていたという。

法隆寺に近い斑鳩宮《いかるがのみや》に移り住んで仏典を読みふけり、学問所をつくって若い人材に仏教を学ばせた。また、高麗の高僧・慧慈《えじ》に師事し、推古23年（６１５）までに勝《しょう》鬘《まん》経・維摩《ゆいま》経・法華《ほっけ》経の三経に注釈を施

『聖徳太子及び二王子像』より。中央が厩戸皇子（聖徳太子）、右の人物が息子の山背大兄王とされる（宮内庁蔵）

**摂政**
天皇が幼少であったり病弱であった時、または女帝の時に、その代理として政務を執り行う官職。５９３年、推古天皇の時に任じられた厩戸皇子がはじめてとされる。

した『三経義疏《さんぎょうぎしょ》』を著したとされる。

『上宮聖徳法王帝説《じょうぐうしょうとくほうおうていせつ》』には、厩戸皇子の死の直前の伝承も残る。推古30年2月21日、厩戸皇子は妻の膳大娘女《かしわでのおおいらつめ》に「私は今夜死ぬが、お前も一緒に死ぬだろう」と告げると、そのとおりに夫婦揃って一日のうちに亡くなったという。信憑性についてはなんともいえないが、このために厩戸皇子の死因には心中説もある。

厩戸皇子没後、基盤を継いだのは刀自古郎女《とじこのいらつめ》（蘇我馬子《そがのうまこ》の娘）との間に生まれた山背大兄王《やましろのおおえのおう》だった。しかし、推古天皇が没すると、蘇我蝦夷《えみし》らが擁立した田村皇子と皇位を争い、蘇我本宗家と対立する。結局、山背大兄王は皇位継承から外され、田村皇子が舒明《じょめい》天皇に即位した。

そして皇極《こうぎょく》2年（643）11月、蘇我氏本宗家の権力を引き継いだ蘇我入鹿《いるか》は、皇極天皇（舒明天皇の妃）の後継に古人大兄皇子《ふるひとのおおえ》（舒明天皇の皇子）を立てようと画策し、有力な対抗馬となりうる山背大

**上宮聖徳法王帝説**
聖徳太子に関する現存最古の伝記。種々の資料を集成し、平安中期頃に成立したとされる。聖徳太子の系譜や事績、法隆寺に関する所伝、蘇我氏や物部氏にまつわる情報、欽明天皇から推古天皇に至る五代の系譜などが記されている。

兄王を襲った。兵に囲まれた山背大兄王は生駒山に逃れたが、やがて抵抗をやめ、法隆寺に下って子弟、妃妾ともども自害した。『上宮聖徳法王帝説』によれば、この時山背大兄王とともに15人の子弟が自害したという。

これによって、厩戸皇子の血を引く「上宮王家《じょうぐうおうけ》」は滅亡した。だが、その後も厩戸皇子は神格化され、聖徳太子として、政治や仏教に引き続き大きく影響を与えていくことになる。

**上宮王家**
厩戸皇子に「上宮王（かみつみやおう）」の呼び名があることから、厩戸皇子と山背大兄王の家系を指す。

## 出どころはどこなのか？「源義経生存説」の謎

源《みなもとの》義朝《よしとも》の九男として生まれた源義経《よしつね》は、平治《へいじ》の乱において父・義朝が敗死すると11歳で京の鞍馬寺《くらまでら》に預けられ、のちに奥州藤原氏の第3代・藤原秀衡《ひでひら》の庇護を受けた。治承4年（1180）、挙兵した兄・

源頼朝のもとに馳せ参じ、一ノ谷《いちのたに》、屋島《やしま》、壇ノ浦《だんのうら》の源平合戦において次々と戦功を挙げ、頼朝の平氏打倒に大きく貢献。その最大の功労者となった。

しかし平氏滅亡後は、戦において義経が独断専行していたこと、頼朝の許可なく朝廷から官位を受けたことなどから頼朝の怒りを買って対立。叉逆するも失敗した義経は奥州へと逃れるが、最後は頼朝の圧力に屈した藤原泰衡《やすひら》（秀衡の子）に裏切られ、平泉の衣川館《ころもがわのたち》で自刃して果てたとされる。この時、義経は31歳。平氏打倒の立役者から一転、追われる身となり、最後は裏切りにあって滅ぼされる悲劇的な英雄像は「判官贔屓《ほうがんびいき》」の言葉を生んだ。

そんな民衆の義経への同情心が、数々の「義経生存説」を誕生させたといえる。

義経が討たれた後、その首は酒漬けにされて43日間かけて鎌倉に送られた。文治5年（1189）6月13日、腰越《こしごえ》の浜で鎌倉幕府の有力

---

**奥州藤原氏**
平安時代中期から後期にかけて、陸奥国平泉を中心に奥羽地方に勢力を振るった豪族。奥州一円の支配権を確立して平泉に居を移した初代・清衡、毛越寺を建立するなど平泉を仏教都市として整備した2代・基衡、奥州藤原氏の最盛期を現出した3代・秀衡と栄華は三代続いたが、1189年、4代・泰衡の時に源頼朝に滅ぼされた。

御家人・和田義盛《よしもり》と梶原景時《かげとき》によって首実検が行われ、確かに義経の首とされる。

だが義経生存説では、この鎌倉に送られた首は、義経の母方のいとこで年齢や背格好がよく似ていた影武者・杉目太郎行信の首だったのではないかとしている。義経を討った藤原泰衡は義経軍の数十倍の大軍を持って衣川館を襲ったが、これは鎌倉方に対するデモンストレーションであり、この間に義経は平泉を脱出。北上《きたかみ》山地へと向かい、蝦夷《えぞ》

悲劇の英雄として数々の伝説が語り継がれる源義経（中尊寺蔵）

**源頼朝（1147〜1199）**

源義朝の三男に生まれたが、平治の乱に初陣して敗れ、伊豆に流された。約20年に及ぶ流人生活の間に、北条時政の娘・政子と結婚。１１８０年、以仁王（もちひとおう）の平氏討伐の令旨を奉じて挙兵。東国に支配権を確立して鎌倉を本拠とし、源義仲、平氏一族を滅ぼして天下を平定した。１１９２年、征夷大将軍に任ぜられ、日本初の武家政権を樹立した。

地（北海道）を目指して北上していったという。事実、平泉から岩手県の太平洋側を北上して青森に向かうルート上には義経一行が投宿した寺や農家が続き、青森県の三厩村《みんまや》には「義経神社」や義経が馬をつないだとされる「厩石《まやいし》」が残されている。

とはいえ、いかにもな説ではあるが、この大筋は室町時代に書かれた御伽草子《おとぎぞうし》『御曹子島渡《おんぞうししまわたり》』とほぼ同じである。「かねひら大王と号する鬼が『大日の法』という兵法書を秘蔵していることを藤原秀衡から聞いた御曹子義経は、大王に会うことを決意し、蝦夷の千島喜見《ちしまきけん》城に向かって四国土佐の港から船出する…」というのが大筋で、この説話は江戸時代に広く流布された。浄瑠璃《じょうるり》や読本《よみほん》にも取り入れられたことから、事実だと誤認されたまま伝わっていった可能性が高い。

また、蝦夷地からさらに海を渡り、義経が大陸でチンギス・ハン（成吉思汗）になったとする「義経＝チンギス・ハン説」も有名な説である。二人はほぼ同年代で、いずれも軍事の天才。チンギス・ハンが義

---

**チンギス・ハン（1167〜1227）**
モンゴル帝国の創建者。幼名はテムジン（鉄木真）。在位１２０６〜１２２７年。１２０６年、モンゴル高原の全部族を統一して「ハン」の称号を得た。１２１１年には中国北部の金を攻め、１２１９年から６年間は自ら中央アジアに大遠征を行った。ユーラシア大陸の内陸部に大帝国を建てたが、西夏を滅ぼした帰国中に病没。廟号は太祖。

経の「笹竜胆《ささりんどう》」とよく似た紋章を使っていたこと、「義経」の中国語読みとチンギス・ハンの幼名である「テムジン」の発音が似ていることなどが裏付けとされる。

が、この説の出どころは、江戸時代に沢田源内が著した偽書『金史《きんし》別本《べつほん》』だった。その本に「清《しん》の乾隆帝《けんりゅうてい》の御文に『自身の先祖は源義経であり、清和《せいわ》源氏から出たので国号を清とした』と書かれていた」との内容があったことから、それが義経大陸進出説として成立。「大陸に渡った」というくだりがいつのまにか「チンギス・ハンになった」と変化して語られていったのだった。それを聞いたドイツ人医師・シーボルトが自著『日本』でこの説を主張、明治政府の高官となる末松謙《すえまつけん》澄《しょう》は留学先でその『日本』を読んだことから「義経＝チンギス・ハン説」を唱える論文を発表している。当時はチンギス・ハンの前半生に不明な点が多かったことも、「義経＝チンギス・ハン説」がまことしやかに語られた一因であったのだろう。

---

**偽書**
著者を偽ったり、有名な書籍に似せて作った著書。あるいは、原本のように内容を偽って作成した著書。江戸時代には徳川家の『三河後風土記』をはじめ、先祖を飾るために軍記物の偽作が横行した。

**清和源氏**
清和天皇の孫・源経基を祖とする源氏一族。源氏には、祖とする天皇別に21の流派があるが、そのなかでも清和源氏は武門の名家として栄えた。鎌倉幕府を開いた源頼朝、室町幕府を開いた足利尊氏をはじめ、武田氏、新田氏、今川氏、佐竹氏もこの系統に入る。

時代が下り、チンギス・ハンの先祖や生い立ちなどが次々と判明するにしたがい、この説はただの「伝説」となってしまった。

## 隠岐に流されてもなお和歌三昧の日々を送った後鳥羽上皇

後鳥羽《ごとば》天皇は、歴代天皇のなかでも際立って異色な人生を送った。皇位の象徴である三種の神器を持たずに即位し、鎌倉の武家政権を打倒すべく「承久《じょうきゅう》の乱」を起こし、戦いに敗れて最後は隠岐《おき》に島流しになっている。承久の乱を起こした時は上皇として院政を行っていたことから、歴史の教科書では「後鳥羽上皇」と表記されることが多く、そちらのほうが馴染み深いかもしれない。

後鳥羽上皇は多芸多才な人物でもあり、狩猟、相撲、水泳、琵琶、笛、箏《そう》などさまざまな趣味に通じたが、なかでものめりこんだのが和歌

**承久の乱**
1221年、後鳥羽上皇が鎌倉幕府からの政権奪回を目指して起こした内乱。上皇方は北条氏に不満を持つ武士や僧兵を集めたが、北条氏が送った大軍の前に大敗。後鳥羽・土御門・順徳の三上皇は配流され、鎌倉幕府の絶対的な地位が確立した。

だった。建仁元年（１２０１）に和歌所を再興してすぐれた歌人を集め、歌会や歌合《うたあわせ》を盛んに催した。とりわけ千五百番歌合は、後鳥羽上皇ほか30人の歌人が１００首ずつ詠じ、１５００番、計３０００首からなるという史上類を見ない大規模な歌合であった。それ以前には、藤原良経《よしつね》の主催で行われた六百番歌合が名高かったが、その倍以上の規模である。

また、後鳥羽天皇は藤原定家《さだいえ》ら６人の撰者を集め、『新古今和歌集《しんこきん》』の編纂を命じたこともよく知られる。ただ、後鳥羽上皇も積極的に編纂に介入したため、作業は一筋縄ではいかなかった。建仁元年（１２０１）に開始し、元久2年（１２０５）にはいったん完成として記念の宴が催されたが、その後も上皇の指示で切り継ぎ作業が続けられた。しかも後鳥羽上皇は我が強く、藤原定家とたびたび対立して二人の関係は険悪になり、定家は自身の日記『明月記《めいげつき》』に「和歌所においてまた新古今を沙汰す。尽る期なき事也」とうんざりした様子で

**歌合**
歌人を左右二組に分け、出題された歌題を歌に詠み、1番ごとに比べて優劣を競う遊戯会。

**新古今和歌集**
後鳥羽上皇の命で、藤原定家・家隆らが選者となって編纂した勅撰和歌集。代表的な歌人は、選者のほかに後鳥羽上皇、西行、慈円、式子内親王、藤原俊成、藤原良経など。20巻、約１９８０首が収められた。

記すほどだった。結局、『新古今和歌集』が最終的に完成したのは承元4年（1210）のことで、10年の歳月が流れていた。

その後承久3年（1221）、後鳥羽上皇は、時の執権・北条義時追討の院宣《いんぜん》を出し、西国の武士や僧兵を動員して承久の乱を起こす。しかし、義時の子・泰時率いる幕府の大軍にわずか1か月で敗北。乱の首謀者である後鳥羽上皇は隠岐島に流される。

延応元年（1239）、後鳥羽上皇は京に戻ることなく、配所にて60歳で崩御した。だが、流刑地では罪人として静かに暮らしたかといえばそうではなかった。後鳥羽上皇は隠岐に渡った後、『新古今和歌集』の編纂を再開していたのである。隠岐で過ごした19年の間に精選を重ねて約1980首から約400首を削除し、『新古今和歌集』の〝決定版〟として完成を主張した。この本は藤原家隆《いえたか》に送られ、『隠岐本』の名で伝わっている。

---

**北条泰時（1183～1242）**
承久の乱では幕府軍を率いて朝廷軍を破り、乱制圧後は六波羅探題となって京で朝廷を監視した。1224年、父・義時の死によって3代執権に就任。合議制によって幕政を決定する評定衆を設置。また1232年には武家最初の成文法「御成敗式目」を制定し、武家政権による支配を強化した。

## 日本を開国させてすぐアメリカに単身帰国したペリーの晩年

「泰平の眠りを覚ます上喜撰《じょうきせん》（蒸気船）たつた四杯で夜も寝られず」――嘉永６年（１８５３）６月３日、江戸湾浦賀《うらが》沖に姿を現した黒船が徳川泰平の世に与えたショックたるや、未曾有のものだった。その砲艦外交がもたらした幕政の大混乱は、徐々に露わになりつつあった体制の「破れ目」を、内外にはっきりと知らしめることになった。

艦隊を率いていたのは、アメリカ海軍東インド艦隊司令長官マシュー・ペリー。身の丈は６尺４寸（約１９２センチ）を超える大男である。尊大にして高圧的な態度と強硬な要求によって、鎖国日本に風穴を開けたことは周知のとおりだが、ペリー自身の人となりについては案外知られていない。

ペリーは軍人の家庭に生まれ、14歳で士官候補生として海軍に入っ

**黒船**
日本の開港を求めて相模国浦賀に来航した、ペリー提督の率いる米国艦隊は、船体を黒く塗ってあったことから「黒船」と呼ばれた。幕府と国民に大きな衝撃を与えたこともあり、幕末期には欧米列強の船舶全般を指して呼ぶことになった。

た。2人の兄とともに米英戦争に参加すると、海軍工廠の造船所長、司令官を歴任し、軍備増強と士官教育に尽力して「蒸気船海軍の父」と称えられた。1852年11月、東インド艦隊司令長官に就任。フィルモア大統領の親書を携え、ミシシッピ号に乗船しノーフォークから極東に向け出航する。

嘉永6年（1853）3月3日、浦賀に入港。この時は開国・通商を要求する大統領の親書を渡すにとどまったが、翌年に再び来航すると約1か月にわたる交渉の末、「日米和親条約」を調印。幕府に下田、箱館2港の開港や領事の駐在などを認めさせた。だが条約調印後まもなく、ペリーは健康上の理由から、イギリスの郵便船ヒンドスタン号に乗船して単身帰国する。

本国を出てから約2年ぶりの1855年1月にニューヨークに到着したペリーは、偉業を成し遂げた英雄として迎えられた。帰任して軍事顧問を務めたが、すでに老齢だったため再び航海に出ることはな

---

**日米和親条約**
1854年に江戸幕府が、アメリカ合衆国と初めて結んだ条約。幕府の全権・林復斎らと米国使節ペリーとの間で調印された。下田・箱館両港へのアメリカ船の寄港、薪水・食料など物資の補給、下田への領事館の設置、最恵国待遇などを認めた。幕府が鎖国政策をやめ、開国への第一歩を踏み出した条約である。神奈川条約とも呼ばれる。

幕府の代表とペリーとの会見を描いた『使節ペリー横浜応接の図』（横浜市立図書館蔵）

かった。

退官後は、ニューヨークの豪壮な煉瓦造りの自宅で暮らし、社交界の名士として自適の余生を送った。晩年には東洋への遠征で得た知見をまとめた『日本遠征記』の編集に専念する。遠征艦隊の記録、開国交渉の経緯、日本の産業や風俗を記述した本書は全３巻に及び、１８５７年12月に完成した。しかし、そのわずか２か月後、風邪をこじらせて病床に伏せたペリーは、そのままあっけなく世を去る。63歳だった。

ペリーは痛風やリウマチを患い、アルコール依存症の兆候もあったとされる。直接の死因はリウマチによる心臓発作だったという。

## 蒙古撃退の英雄・北条時宗がつくった南北朝動乱のタネとは？

鎌倉幕府5代執権《しっけん》・北条時頼《ほうじょうときより》の嫡男として生まれた北条時宗《ときむね》は、名君揃いといわれる北条氏のなかでも異例の若さで執権に就任した。時宗が8代執権となったのはまだ18歳の時である。

その背景には、「蒙古襲来」といういまだかつてない国難への危機感があった。文永5年（1268）、中国大陸から東ヨーロッパまでを支配する元《げん》の皇帝フビライ・ハンが高麗《こうらい》を仲介として日本に国書を送り、服属を求めてきたのである。事態を重く見た幕府は老齢の北条政《まさ》村《むら》が7代執権から身を引くと、幼少の頃から非凡さを見い出され英才

---

**執権**
鎌倉幕府で将軍を補佐し、幕政全般を取り仕切る役職。北条義時が政所と侍所の別当（長官）を兼ねてから執権と称し、幕府最高の職となった。3代将軍・源実朝の時に北条時政が任ぜられ、以後、北条氏が世襲。執権による独裁的な政治体制を確立した。

教育を受けて育った時宗を最高責任者の地位に就けたのだった。

　時宗は、北条氏の嫡流である得宗《とくそう》家に権力を集中させることで、幕府内の意志を統一。朝廷が用意した返書を拒否し、その後も再三にわたって届けられた元の国書もことごとく無視した。幕府として朝廷に外交面の主導権を握られることを避けるため、そして元に対しては返答しないことで時間を稼ぎ、その間に防御体制を整えるためだった。

　日本の対応に激怒したフビライは、文永11年（1274）と弘安4年（1281）の2度にわたり大軍をもって日本を襲った。迎え撃った日本の御家人たちは元軍の集団戦法や「てつはう」と呼ばれる火薬兵器に大いに苦しめられるが、季節はずれの暴

円覚寺を開くなど禅宗に傾倒し、死の直前に出家したと伝わる北条時宗（満願寺蔵）

**得宗**
2代執権・義時の法名「徳宗」に由来し、執権北条氏の嫡流の当主のことをいう。鎌倉幕府の要職を北条氏一門が占め、あらゆる権力が集中した得宗は専制政治を行ったが、これを得宗専制という。

**蒙古襲来**
中国大陸から東ヨーロッパまでを支配していたモンゴル（元）軍による日本侵攻。1274年の文永の役と1281年の弘安の役の2度にわたって北九州に来襲したが、いずれも撃退。元は3回目の日本遠征を計画したが高麗やベトナムなど各地で反抗が起こったため実行できなかった。

風が吹いたこともあって元軍の撃退に成功する。その間、時宗は新たな国防の役職（異国警固番役《いこくけいごばんやく》）を設け、西国の非御家人までも動員、博多湾の沿岸部に大きな石塁を築くなどして防衛体制を強化していた。また、実行に移されることはなかったが、元軍の根拠地である高麗をターゲットにした異国征伐計画も計画している。

さて、蒙古撃退の英雄となった時宗だが、その前後には朝廷の皇位継承問題に介入している。そして、これが結果的に悪手となり、のちの「南北朝の動乱」へとつながったと見る向きも少なくない。

ことの起こりは寛元４年（１２４６）、後嵯峨上皇の院政開始に遡る。後嵯峨上皇はまず皇位を後深草天皇に譲ったが、その後後深草天皇を退位させると、次子の亀山天皇を次の天皇に立てた。さらに、皇太子には、後深草帝の皇子・熙仁《ひろひと》親王ではなく、亀山帝の息子である世仁《よひと》親王を指名。やがて世仁親王は後宇多天皇に即位する。つまり、後深草帝の系統が閉め出される形になったのだ。そこで「それはいかが

---

**後嵯峨天皇（1220～1272）**
四条天皇が急逝した後、執権・北条泰時に擁立されて即位。在位4年で皇子の後深草天皇に譲位し、その後は後深草・亀山二代の天皇にわたり、約27年間の院政を行った。兄の後深草天皇より弟の亀山天皇を愛し、亀山の皇子を皇太子に立てたため、両統対立のもととなった。

か」と介入したのが時宗であった。

熙仁親王を亀山帝の猶子《ゆうし》（養子）とし、後宇多天皇の次の天皇は熙仁親王、つまり後深草帝の系統から出るように斡旋し、以後は両統から交互に天皇を立てるように図ったのだった。後深草帝の流れを汲む「持明院統《じみょういんとう》」と亀山帝の流れを汲む「大覚寺統《だいかくじとう》」の2系統が並び立ち、両頭が皇位をめぐって抗争した「両統迭立《てつりつ》」の始まりである。

時宗としては蒙古襲来が迫るなか、一刻も早く皇位継承問題を決着させたかったのかもしれない。だが、この両統迭立こそ、のちの南北朝分裂のタネとなり、めぐりめぐって鎌倉幕府崩壊へとつながっていくことになる。

弘安の役から3年後、その事後処理と3度目の襲来への備えなどに追われた時宗は、突然病に倒れた。死期を悟ったのか出家すると、そのまま回復することなく34歳の若さでこの世を去る。死因は結核とも心臓病ともいわれるが、今でいう過労死だったかもしれない。

---

**両統迭立**
後嵯峨天皇の後、嫡子・後深草天皇の血統（持明院統）と、次子・亀山天皇の血統（大覚寺統）の2系統が並び立ち、交互に皇位に就いたこと。両統は皇位をめぐって抗争し、持明院統がのちの北朝、大覚寺統がのちの南朝へとつながり、南北朝の動乱の呼び水となった。

## 日本史上初めて比叡山を焼き討ちした「くじ引き将軍」足利義教の結末

室町幕府には歴代15人の将軍がいたが、「くじ引き」という前代未聞の選出方法で6代将軍の座に就いたのが足利義教《よしのり》である。

応永32年（1425）に5代将軍・義量《よしかず》が19歳の若さで夭折《ようせつ》すると、幕府は将軍空位の時代が続いた。そこで、「神意」として石清水八幡宮のくじ引きを行い、4人の後継候補から選ばれたのが、3代将軍・義満の五男で天台宗に入っていた義圓《ぎえん》だった。正長2年（1429）、義圓は義教と改名し、室町幕府6代将軍となる。

将軍となった義教は、父・義満にならい、失墜した幕府権威の回復と将軍による専制政治を志向した。そして彼が選んだ政治手法は、強引かつ峻厳な「恐怖政治」だった。

義教は守護大名の家督争いに積極的に介入し、自分の息がかかった

---

**守護大名**
室町時代に領主化した守護のこと。鎌倉・室町幕府は諸国に守護を設置し、治安維持や武士の統制にあたらせた。しかし室町時代になると、守護のなかには任地を領地化し、国内の御家人と主従関係を結ぶ者が現れる。彼らは勢力を伸ばし、守護大名へと成長した。

者を当主に据えて支配力を強めた。自分に刃向かう者がいれば、容赦なく追放、討伐し、刺客を差し向けて暗殺することも辞さなかった。永享10年（1438）の「永享の乱」では、幕府に反抗的だった鎌倉公方・足利持氏《もちうじ》を攻めて自殺に追い込み、さらにその後、逃亡していた持氏の遺児らによる反乱（結城合戦《ゆうきかっせん》）を平定。捕らえた遺児らを護送中に暗殺する。幕府四職の一色義貫《いっしきよしつら》も、義教と対立すると幕政から遠ざけられ、最後は刺客を差し向けられて誅殺された。

　義教の介入は公家や宗教勢力にも及んだ。当時強大な独立勢力だった比叡山延暦寺を、「義教に呪詛を仕掛けた」という理由で攻めている。義教は将軍になる前

恐怖政治を志向したことから「悪御所」とあだ名された足利義教（妙興寺蔵）

**永享の乱**

1438年から翌年にかけ、鎌倉公方・足利持氏が挙兵し、将軍・足利義教に対して起こした反乱。持氏が将軍の後嗣になれず、不満を持ったことに端を発する。義教は今川氏、武田氏、小笠原氏らに持氏追討を命じ、追い詰められた持氏は翌年に自害した。

**結城合戦**

1440年、下総の結城氏朝が足利持氏の遺子である春王丸・安王丸を擁立して室町幕府に反抗した戦い。約1年にわたる籠城戦の末、結城城は落城。氏朝父子は自刃し、捕らえられた安王丸・春王丸は京都に送られる途中に殺害された。

は天台宗の僧侶であり、しかも天台座主《ざす》という比叡山延暦寺のトップの立場だった。そのため延暦寺の権威をよくわかっており、最初は取り込みを図ったが、それがならないと比叡山を兵で囲んだのだった。そしていったん和睦したと見せかけ、その和議の席で代表の４人の僧侶を殺害。これを聞いた延暦寺の僧侶は激昂し、抗議のため延暦寺総本堂に火をかけ、24人が焼身自殺した。こうして謀略によって比叡山の反乱分子を一掃した義教は、新たに自身で僧侶を派遣し、延暦寺の再建を命じたのだった。

権力を手にしてからの義教は神経質で、苛烈な性格だったという。義教が参内した時に微笑んだというだけで公卿の所領を没収したり、用件の取り次ぎ態度が少し悪いと侍女を激しく殴ったり、「料理が不味い」といって料理人を処刑するなど、怒ると見境がなかったと伝わる。武家や庶民のみならず皇族や公家、神官まで厳しく処断された義教の治世を、皇族の伏見宮貞成親王《ふしみのみやさだふさ》は、『看聞日記《かんもん》』に「万人恐怖シ、言フ

---

**延暦寺**
現在の滋賀県大津市にある天台宗の総本山で、山号は比叡山。平安末期には「一山三千余坊」といわれるほど栄え、鎌倉・室町時代には広い荘園と多くの僧兵をもち、政治的にも大きな力があった。しばしば朝廷や幕府に押しかけ強訴を行い、自らの要求を認めさせようとしたため、たびたび政権と対立した。

莫《なか》レ、言フ莫レ」と書き残している。

だが嘉吉元年（1441）、そんな義教に思わぬ最期が訪れる。

反抗的な守護大名の粛正が着々と進められるなか、京都では「今度は赤松満祐《あかまつみつすけ》が将軍に討たれる」という流言が飛び交った。満祐は播磨・備前・美作の三か国を治める守護大名だったが、義教が満祐の弟・義雅《よしまさ》の所領を没収し、寵愛していた赤松貞村《さだむら》に与えるなどしていたため、身の危険を感じていたとされる。満祐が先手を打つ格好だった。

満祐はこの年に起きた「結城合戦」の戦勝祝いと称し、義教を赤松邸に招待した。わずかな供を連れた義教が宴に臨席し、酒杯が回されて能を楽しんでいたところ、赤松きっての武士である安積行秀が乱入したちまち義教の首を刎ねた。将軍暗殺という目的を達成した満祐は他の者に害を加える意思はなく、事態はまもなく収まりを見せる。しかし、義教の亡骸は誰も引き取ろうとはせず、首のない遺体は赤松邸にしばし放置された。この将軍暗殺事件を「嘉吉《かきつ》の変」という。

---

**赤松満祐**
**（1381〜1441）**
室町幕府の播磨・備前・美作国守護。1427年、父・義則の家督を継いだ翌年に足利義教が6代将軍に就任。当初こそ二人の関係は良好だったが、義教の専横が目立ちはじめると次第に対立。義教を自邸に招き殺害したが、のち追討軍に攻められ自刃した。極端に身長が低かったと伝わる。

## 桶狭間で今川義元が敗死するも江戸期に旗本として蘇っていた今川家

永禄3年（1560）5月19日、尾張の桶狭間《おけはざま》において、京を目指していた今川義元《いまがわよしもと》が織田信長の奇襲に敗れ、首を討たれた。義元は駿河・遠江・三河の3国を勢力下におき、天下にもっとも近い男といわれていたが、以降は代わって信長が天下に覇を唱えることになる。

桶狭間で義元が戦死し、その後家督を継いだのは嫡男の氏真《うじざね》だった。しかし、氏真は「海道一の弓取り」と称された父ほどの器量は持ち合わせておらず、離反者が続出する。まず三河の松平元康（徳川家康）からそれまでの同盟関係を破棄されると、永禄7年（1564）に信長と結んだ家康に攻められ、三河からの撤退を余儀なくされた。さらにその3年後、武田信玄の嫡男・義信に嫁いでいた妹の嶺松院《れいしょういん》が帰され、義元以来続いていた武田家との同盟も破棄される。

**今川義元（1519～1560）**
守護大名から成長し、駿河・遠江・三河の3国を支配した戦国大名。寄親・寄子制度を設けて家臣団の結束を強化し、商業を保護、甲相駿三国同盟を結ぶなど軍事・内政・外交で才覚を発揮した。公家の文化を好み、和歌や連歌といった文芸にも親しんだ。

**桶狭間の戦い**
織田信長の天下統一の第一歩となった戦いとして知られる。1560年、3万の軍勢を率いて上洛

桶狭間の戦いを描いた『桶狭間大合戦之図』（歌川芳年画）。信長の奇襲作戦とされていたが、現在は正面攻撃が定説となりつつある

永禄11年（１５６８）、信玄は家康と結び、駿河に侵攻した。氏真は迎撃に出るも潰走し、駿府を追われて遠江の掛川城へ逃れる。そして翌永禄12年（１５６９）、氏真は掛川城をも明け渡し、ここに最盛期は百万石を誇った戦国大名としての今川氏は滅亡した。

父・義元は公家の文化に長じ、和歌を好み歌会を催すなどしたが、氏真も和歌や蹴鞠《けまり》にすぐれ、その才能は戦国大名のなかでも有数だったといわれる。和歌は生涯に１６００首余りを詠み、『今川氏真

---

途上の今川義元は尾張に進出。尾張桶狭間北東の田楽狭間に陣取った義元を、信長は風雨のなかを３０００の兵で奇襲し、義元の首級をあげた。

詠草《えいそう》』は氏真の私歌集として知られている。蹴鞠は駿河に下向していた飛鳥井雅綱《あすかいまさつな》から指導を受け、天正3年（1575）には織田信長の面前でその腕前を披露した（『信長公記《しんちょうこうき》』）。さらに氏真は剣術にも通じ、剣豪の塚原卜伝《つかはらぼくでん》に学び、新当流を皆伝されたという。

だが、氏真に対する後世の評価は手厳しい。『甲陽軍鑑《こうようぐんかん》』では国を滅ぼす大将には4つの類型があるとしているが、その第一番の「馬鹿成る大将」として氏真の名を挙げている。『徳川実紀《とくがわじっき》』には、氏真が父の仇である信長に復讐しようとせず、その軟弱ぶりに愛想を尽かした家臣たちは今川家を去ったと描写されている。

確かに氏真の政治手腕は未熟だったかもしれない。だが、最後に彼の身を助けたのは、得意の芸と教養だった。蹴鞠の技を気に入られた氏真は信長に生かされ、天正3年頃に剃髪して宗誾《そうぎん》と号した。そして京都に居住し、歌や蹴鞠を通して多くの公家と交流したのだった。

慶長17年（1612）に家康と会見した氏真は、そのまま江戸品川

---

**甲陽軍鑑**
甲斐の武田信玄・勝頼の二代にわたる事績、合戦、軍法などを記した、20巻からなる軍学書。甲州武士道の集大成とされ、江戸期には武士の間でも広く読まれた。現存する最古の板本は1656年のもので、異本も多い。武田家の重臣・高坂昌信の遺記をもとに、小幡景憲が編纂したとされる説が有力である。

に居を構え、のちに旧領500石を安堵された。その3年後、77歳で死去する。家督は、嫡男の範以《のりもち》が亡くなっていたため範以の遺児・直房《なおふさ》が継ぎ、直房は幕府高家《こうけ》となった。また氏真の次男・高久《たかひさ》も徳川秀忠に出仕すると、「品川氏」を称した。この二筋は江戸時代を通して存続している。

**高家**
江戸幕府において、儀式や典礼を司る職で、公家の接待や朝廷への使いなどを務めた。畠山氏、吉良氏、織田氏、今川氏、武田氏、上杉氏などの武門名家の末流が世襲した。

## 素浪人ではなく名家の出身だった？成り上がり後は善政を敷いた北条早雲

後北条氏の初代当主となった北条早雲《ほうじょうそううん》は、素浪人から戦国大名にのし上がった下剋上《げこくじょう》の体現者として知られてきた。しかし、この〝大器晩成の成り上がり者〟という人物像は、江戸時代の軍記物に影響を受けてつくられたもので、実像は異なっている。

1950年代に藤井駿氏が発表した論文『北條早雲と備中荏原《えばら》荘』

では、早雲の出生地は備中荏原荘（現・岡山県井原市）であり、荏原荘にいた伊勢新九郎盛時《いせしんくろうもりとき》という武将こそ北条早雲であるとした。さらに研究が進むにつれ、父の伊勢盛定《もりさだ》は室町幕府8代将軍・足利義政の申次衆《もうしつぎしゅう》で、母は幕府政所《まんどころ》執事・伊勢貞親《さだちか》の娘であることが明らかになっている。つまり早雲は無位無官の素浪人などではなく、むしろ名門に生まれていたのである。生年は長らく永享4年（１４３２）とされてきたが、近年は康正2年（１４５６）説が有力視されつつある。後者が正しいとなると、早雲が小田原城を奪ったのは60歳を過ぎてからではなく40歳頃。「遅咲き」という定説も覆ることになる。

なお、実は早雲自身は一度も「北条」を名乗ったことはない。「伊勢新九郎」（新九郎は通称）で通し、出家してからは「早雲庵宗瑞《そうずい》」と号した。名字の「伊勢」が「北条」に改められるのは、子の氏綱《うじつな》の時代になってからである。鎌倉時代の執権・北条氏との血縁関係も存在していない。

---

**後北条氏**

北条早雲に始まる北条氏で、相模を本拠に関東一円を支配した戦国大名一族。鎌倉時代の北条氏と区別するため、「小田原北条氏」とも呼ばれる。2代・氏綱、3代・氏康、4代氏政、五代・氏直と続いた。

**伊勢貞親（1417〜1473）**

1460年、室町幕府の政所執事に就任。8代将軍・足利義政の養育係を務めて信任を得ると、幕政を牛耳り、専横を振るった。将軍継嗣問題では、後継者に立てられた6代将軍・義教の子である義視の殺害を企てて失敗。出奔するが、義政に召還され執事に復帰した。

さて、早雲の名前が歴史上に現われるのは、文明８年（１４７６）である。駿河守護・今川義忠《よしただ》に嫁いでいた妹（姉とも）・北川殿《きたがわ》を頼って今川氏の元に身を寄せ、義忠戦死後に今川家に家督争いが起こると早雲は妹が生んだ竜王丸（今川氏親《うじちか》）を支持した。長享元年（１４８７）、早雲は相手方の小鹿範満《おしかのりみつ》を討って氏親を名実ともに今川家の家督とすると、その功によって駿河興国寺《こうこくじ》城主となった。

当時、関東地方では諸勢力が割拠して争っていたが、早雲はこの乱れに乗じて勢力を広げていく。

まず堀越公方《ほりごえくぼう》家の内紛に乗じてその本拠地の伊豆に討って出ると、明応2年（１４９３）に堀越公方・足利政知《まさとも》の子の茶々丸を襲撃して追放。伊豆国韮山《にらやま》城を新たな居城として統治を始めた。その後は南伊豆の深根城を落として5年がかりで伊豆一国を平定している。

明応4年（１４９５）には、相模小田原城主の大森藤頼《ふじより》を討って小田原城を奪取した。一説によると早雲は、「伊豆で鹿狩りをやっていた

**堀越公方**
伊豆堀越に本拠を置いた、東国支配のための室町幕府の出先機関。その長官である、足利政知の通称でもある。幕命に背いて下総古河に拠った古河公方・足利成氏に対抗して、8代将軍・義政が弟の政知を下向させたのが始まりである。だが、政知は鎌倉に入ることはできず、伊豆に御所を構えて成氏に対抗した。

ら、鹿がみな小田原城の裏山に逃げてしまった。伊豆側に追い返すため、勢子《せこ》を入れさせてほしい」との手紙を出して藤頼を欺き、勢子に化けた一隊が小田原城の裏山から一気に城を攻め落としたという。永正13年（1516）に新井城に三浦氏を滅ぼして相模一国の平定に成功し、伊豆と合わせて二国を治めた。

　相模を治めた早雲は民政に力を入れ、当時としては驚くほどの善政を敷いている。当時の租税は非常に重く「五公五民」や「六公四民」が当たり前、ひどいと「七公三民」の場合もあった。つまり、民の収穫の半分から6割以上が武士に徴収されていた。これを早雲は「四公六民」に減税したのである。これは応仁の乱によって民が飢え、路頭に迷う様を間近に見てきたからこそその政策ともいわれている。また、早雲が残した家訓『早雲《そううん》寺《じ》殿《どの》廿《にじゅう》一《いっ》箇条《かじょう》』にはこんな記述もある。

「上下万民に対し、一言半句であっても嘘をいってはならない」

民から搾取するのではなく、民を思いやった善政は領国を豊かにし、

---

**四公六民**

田畑の収穫量の4割を租税として納め、6割を農民の収入とする租税率。時代や領主によって高低があり、豊臣秀吉は二公一民を基準にした。江戸時代は初期こそ四公六民だったが、8代将軍・吉宗が治めた享保年間以降は五公五民になったとされる。

後北条氏による１００年もの関東支配の基盤となったのである。

永正16年（１５１９）、子の氏綱に家督を譲っていた早雲は韮山城で88歳の生涯を閉じた。一説には、三浦三崎の船遊びで得た病が死因ともいわれる。

## 〝天下の分け目の裏切り〟の後、若死にした小早川秀秋の死因とは？

慶長5年（１６００）９月15日、関ヶ原の戦いにのぞんだ小早川秀秋《こばやかわひであき》は19歳だった。東西両軍から切り札と目されていた秀秋は、ついに西軍から東軍に寝返り、東軍に大勝をもたらした。西軍諸将にとっては許し難い裏切り者、徳川家康にとっては恩人になったのである。

小早川秀秋は豊臣秀吉の正室・ねね（北政所）の兄・木下家定の五男に生まれ、３歳の時に長浜城に引き取られると、秀吉の後継者候補

**ねね（１５４９〜１６２４）**
豊臣秀吉の正妻。14歳で秀吉に嫁ぎ、秀吉が関白になると、北政所と呼ばれた。秀吉の死後、剃髪して京都三本木に隠棲し、「高台院」と号す。徳川家康の援助のもと京都東山に高台寺を建立し、晩年はそこに住んだ。

として寵愛されて育った。幼少期は容姿に優れ、芸事に達者だったという。だが、秀吉に男子の拾《ひろい》（のちの豊臣秀頼）が生まれると、秀秋は毛利輝元の養子に出されることになる。毛利家は豊臣の縁者が後継者になることを嫌ったが、毛利家の重臣で五大老に名を連ねる小早川隆景《たかかげ》が一計を案じ、秀秋を小早川家の養子にすることを提案すると秀吉はこれを受け入れる。慶長2年（1597）、隆景が没すると秀秋は正式に小早川家を継ぎ、筑前30万石の国主となった。

　同年の第二次朝鮮出兵（慶長《けいちょう》の役）では、秀秋は日本軍の総大将として渡海している。が、この時にこそ、のちの日本史上最大の裏切りの伏線が引かれたのだった。秀秋は釜山《ぷさん》の城の普請と守備を命じられていたが、自ら槍を振るって敵兵を追撃し13騎を討ち取るという戦功を挙げた。しかし、この行動が「総大将として軽率である」と石田三成に讒訴され、逆に秀吉の怒りを買ってしまう。そして、筑前30万石から越前北《きた》ノ《の》庄《しょう》15万石に減封されてしまったのだった。この一件が

---

**小早川隆景（1533〜1597）**
毛利元就の三男。1543年に竹原小早川家、1550年に小早川氏の本家・沼田（ぬた）小早川家を相続。兄の吉川元春とともに毛利家を助け、「毛利の両川」と称された。織田方の中国方面軍司令官であった羽柴秀吉と戦ったが、本能寺の変後は深く結び、五大老の一人となる。

**文禄・慶長の役**
豊臣秀吉による、文禄（1592〜1593年）、慶長（1597〜1598年）の2度にわたる朝鮮出兵。明の征服を計画し、朝鮮（李氏朝鮮）に案内を命じたが拒否されたため、1592年に小西行長、加藤清正、黒田

三成に対する秀秋の憎悪を生み、家康への内応、そして関ヶ原の戦いにおける背反につながったといわれる。

関ヶ原では戦場を見下ろす松尾山山頂に陣取った秀秋は、戦闘が始まっても東西どちらにつくかを決めかね日和見《ひよりみ》を続けたが、業を煮やした家康が秀秋陣に発砲すると慌てて松尾山を下り、西軍の大谷吉継《よしつぐ》軍に突撃した。急襲を受けた吉継軍は奮戦したがやがて総崩れとなり、乱戦のなか吉継は、秀秋の陣に向かって「人面獣心《にんめんじゅうしん》なり。三年の間に祟りをなさん」と呪詛《じゅそ》の言葉を吐きながら自刃する。秀秋の裏切りにより西軍は浮き足立ち、また周囲の軍も続々と東軍に加担したため、西軍は1日ともたずに敗北したのだった。

戦後の論功行賞で家康に厚遇された秀秋は、西軍の宇喜多秀家の領国であった美作に移封され、岡山51万石に加増された。しかし、彼はほどなく亡くなっている。慶長7年（1602）、21歳の若さだった。

死因は痘瘡《とうそう》（天然痘）による病死とされてきたが、近年はアルコー

---

長政ら15万8000の大軍を派兵。1597年に14万の兵をもって再征したが明・朝鮮軍に苦戦し、翌年、秀吉が病死したために撤退。この出兵の失敗は、西国大名を疲弊させ、豊臣政権を衰退させた。

**大谷吉継**
**1559～1600**
豊臣秀吉に仕えて信任を得て、越前敦賀に5万石を領した。関ヶ原の戦いでは石田三成の懇請で西軍に加わり、一度は東軍の藤堂・京極勢らの攻撃を退けたが、小早川秀秋軍に背後を突かれ、奮闘の末戦死した。病のため盲目となり、駕籠に乗って戦闘を指揮したと伝わる。

ル依存症に伴う肝疾患が有力視されている。秀秋は幼少の頃に酒を覚えると深酒することが多く、養母の北政所に注意されてもやめなかった。関ヶ原の戦い後は、「裏切り者」という周囲からの悪評や、前岡山城主の宇喜多秀家と比較される重圧などに苦しんだとされ、酒量は日増しに増えていった。秀秋を診た医師・曲直瀬玄朔《まなせげんさく》の診療録『医学天《てん》正《しょう》記』には、「大量の飲酒による黄疸《おうだん》、みぞおち付近の内臓が硬く痛みがあり、飲食できず喉の渇きが激しい」という秀秋の病状についての記述もあるという。

秀秋の死因には異説も多い。彼が討った大谷吉継の亡霊におびえて狂死したという怪談めいた説、関ヶ原の戦い後に囚われの身となった石田三成と対面した時「卑怯者めが！　二股膏薬《ふたまたこうやく》とはお前のことだ」と罵られて神経衰弱を発して死亡したという説はつとに有名だ。また、『備前軍記《びぜんぐんき》』には、鷹狩りに出かけた秀秋が気に入らない農民に斬りつけたが反撃に遭い、股間を蹴り上げられてショック死したとある。

---

**宇喜多秀家 1572~1655**
豊臣秀吉に厚遇され、小田原征討や文禄・慶長の役での軍功により、備前岡山城主となり57万石を領した。五大老の一人に任じられる。関ヶ原の戦いでは西軍に投じて敗れ、八丈島に流された。島での生活は約50年に及び、そのまま配所で没した。

**二股膏薬**
「二股」は内股、「膏薬」は練り薬の意。転じて、定見なくその時次第でどちら側にも従うことをいう。

他に、訴訟をしていた山伏を呼び出し、満足な取り調べもせず山伏の両手を斬り落とすと、怒った山伏に蹴倒されて踏み殺された、小姓を成敗しようとして返り討ちに遭ったなど、間抜けな最期ばかりである。世間の悪感情が、秀秋のこうした死に様をつくり上げたのだろうか。

秀秋には跡継ぎがなかったため、彼の死によって小早川家は断絶となった。江戸時代における大名の改易第一号である。

## 「島原の乱」に養子とともに出陣し散々な目に遭っていた宮本武蔵

熊本市の金峰山《きんぼうざん》山麓にある霊巌洞《れいがんどう》。剣豪・宮本武蔵《みやもとむさし》は晩年の5年間をこの洞窟にこもり、兵法書『五輪書《ごりんのしょ》』を著したといわれる。

二天一流《にてんいちりゅう》（二刀流）の開祖として名高い宮本武蔵は、晩年を熊本で過ごした。熊本城主・細川忠利《ただとし》に客分として招かれると、この地で忠

**細川忠利（1586～1641）**
細川忠興の三男、母はガラシャ。加藤清正の子・忠広が改易された後、肥後熊本藩54万石の藩主になった。

利の側近として仕えながら、書や絵を描き、連歌などをつくっている。水墨画では「二天」の号を用いたものが多数あり、『枯木鳴鵙図《こぼくめいげきず》』のように国の重要文化財に指定されている作品もある。

だが、生涯60数戦して無敗だったといわれる武蔵だが、確かな史料というのは意外と少ない。『五輪書』には武蔵本人による経歴があるが、有名な吉岡一門との戦いや、佐々木小次郎との巌流島の決闘についての記述はない。よく知られる武蔵の伝承を伝えるのは、武蔵の死から9年後、彼の養子である宮本伊織《いおり》が九州小倉《こくら》の手向山《たむけやま》に建てた彰徳碑『小倉碑文《ひぶん》』に刻まれた顕彰文だ。巌流島の決闘をはじめ、武蔵の無敗伝説はこの碑文を根拠にし、武蔵の伝記『二天記《にてんき》』などもこれをベースにしているが、子が親のために建てたものだから内容には脚色があると考えるのが妥当だろう。とはいえ、武蔵が熊本藩に客分として遇されていたことは事実だから、当時から高名な兵法家であったことは間違いない。

---

**佐々木小次郎（?～1612）**

巌流と称した剣客で、豊前小倉藩主・細川忠興に仕えた。宮本武蔵との巌流島（船島）の決闘で有名だが、出身や経歴に異説が多い。巌流島で没したのは通説どおりだが、武蔵の弟子たちに集団で殺されたとの説が根強い。

**宮本伊織（1612～1678）**

武蔵の養子で、兄の子だったとも。1626年に15歳で播磨明石藩主・小笠原忠真に近習として仕え、わずか20歳で家老職に就いた。島原の乱に侍大将謙軍部行として出陣。その時の軍功で、筑前福岡藩主・黒田忠之から備前宗吉の刀を下賜されたと伝わる。

そんな武蔵の事績だが、なかには本人がしっかり書いている参戦の記録もある。寛永14年（1637）、「島原《しまばら》の乱」が発生すると、翌年に武蔵は伊織とともに一揆勢が立て籠もる肥前原《はら》城の鎮圧に加わっているのだ。この話は日向延岡《のべおか》城主・有馬《ありま》直純《なおずみ》の武功記録『有馬家文書』のなかに、「宮本武蔵書簡」として残されている。一揆鎮圧直後、直純への返書として武蔵が書いた書状である。

だが、そこに書かれた武蔵の戦いぶりははなはだ残念なものだった。

晩年は書画などの芸術に非凡な才能を発揮した宮本武蔵の自画像（島田美術館蔵）

**島原の乱**

島原・天草一揆ともいう。領主のキリシタン弾圧と過酷な年貢の取り立てに耐えかねた島原・天草のキリシタン農民が、天草四郎時貞を首領として蜂起。1637年から翌年にかけ、3万8000人が島原の古城・原城に立て籠もり、幕府や諸藩と抗戦した。幕府は12万の大軍を送り、半年かけて鎮圧。一揆勢は皆殺しにされ、幕府はこの後、キリシタン禁圧と鎖国をいっそう強化した。

本丸の石垣を登ろうとした武蔵だったが、一揆勢の投石攻撃を食らい、脛《すね》に石を落とされると動けなくなってしまったのである。武蔵の書状には「拙者も石にあたり、すね（脛）たちかね申す」とある。無敗の剣豪も、兵法もクソもない農民の投石攻撃を前にしては、腕の見せようがなかったのかもしれない。

霊巌洞で『五輪書』を執筆していた時、すでに武蔵はがんに冒されていたとされる。正保2年（1645）、62歳でこの世を去った。養子・伊織の子孫は、代々小倉小笠原藩の筆頭家老を世襲し、現在も小倉藩士族の末裔として血筋は続いている。

## 町奉行から大名になった大岡忠相の晩年の苦労とは？

テレビの時代劇でも馴染みの深い江戸町奉行・大岡越前守《おおおかえちぜんのかみ》こと大

岡忠相《ただすけ》。町奉行は司法権を持つ今でいうところの裁判官だが、警視総監や都知事のような役割を兼ね、実は江戸の町を治める仕事を一手に引き受ける相当に忙しい役職だった。忠相はこの町奉行を約20年間務め、小石川養生所《こいしかわようじょうじょ》の設置、町火消しの整備、株仲間の公認や物価対策など、当時の将軍・徳川吉宗の政治改革に貢献している。

忠相の町奉行時代のエピソードは当時から後世にかけてまとめられた『大岡政談《せいだん》』として知られているが、その内容のほとんどは創作。実際の忠相は、いわゆる〝公正公平で人情味あふれる名奉行〟というよりも、吉宗の改革を支え続けた有能な官僚であった。

その後、元文元年（１７３６）に忠相は寺社奉行となり、引き続き改革に参画する。寺社奉行は、町奉行、勘定奉行を含めた三奉行の最上位に位置し、原則として譜代大名が就くポストだった。そのため旗本の身分だった忠相はたびたび加増され、71歳で三河国西大平《にしおおひら》藩１万石の大名となる。だが、当初忠相は旗本だったゆえに、大名の同役た

---

**大岡政談**

名奉行といわれた江戸町奉行・大岡忠相の名裁判を描いた説話群の総称。講談、歌舞伎、小説などに取り入れられ、庶民に広く親しまれた。探偵小説的な色合いを持ち、『白子屋阿熊一件』『天一坊一件』などのエピソードがあるが、史実と関係ないものが多い。

**寺社奉行**

三奉行中の最高職で、寺社や寺社領を管理し、寺社内の紛争や訴訟を受理・裁決した。将軍に直属し、譜代大名から選ばれた。定員は通常４名で、月番制であたった。

ちに見下され、苦労したようだ。寺社奉行は奏者番《そうじゃばん》という役職を兼ねるのが通例だったが、奏者番は大名でなければなれなかった。そのため忠相が登城し、寺社奉行の詰め所に入ろうとすると「ここに入れるのは奏者番だけだ。奏者番でない者は入れない」と嫌がらせをされたとの逸話が残る。それを知った将軍・吉宗は寺社奉行専用の詰め所をつくり、忠相に控え室を与えるなど忠相に配慮したという。

寺社奉行を辞し、自宅療養していた忠相は、宝暦元年（１７５２）年に75歳で死去。忠相の才を見抜き抜擢した吉宗はその前年に亡くなっているが、吉宗の葬儀が忠相最後の公務となった。

## 戊辰戦争後に侠客から心機一転、社会事業家に転身した清水次郎長

どんな政変にも影の立役者が存在する。だが、博徒《ばくと》や侠客《きょうかく》、すなわ

**奏者番**
大名や旗本が将軍に謁見する時の取次役。姓名を奏上、進物を披露し、下賜品の伝達などを担当した。１６３２年に設置され家格1万石以上の譜代大名が任じられたが、１６５８年以後は寺社奉行が兼ねた。

ち社会秩序の埒外にあるアウトロー勢力が幕末政局の重要なプレーヤーであったことは、歴史の教科書には記されない。

博徒は、違法である賭博を生業として「一家」を形成し、武装集団化していった。江戸後期には民間軍事力として幕府や諸藩に活用され、度重なる飢饉と失政を背景に一揆や打ちこわしが頻発するなか、各地の領主は反乱鎮圧に彼らをたびたび動員した。一方、領民の依頼を受けて一揆や世直し運動などにアウトロー勢力が加担することも少なくなかった。こうして、博徒や侠客を義民視する風潮が生まれる。佐倉《さくら》惣五郎《そうごろう》、国定忠治《くにさだちゅうじ》などがその典型的な例だ。

忠義に篤く、好戦的で、親分のために自分の命を顧みない彼らは維新期、特に戊辰戦争に際して一躍クローズアップされる。倒幕派・佐幕派双方にとって、平和ボケした武士たちよりもよほど「使える」戦力と見なされたのだ。

清水湊《しみずみなと》を拠点に度重なる博徒間抗争を勝ち抜き、巨大一家を結成し

---

**佐倉惣五郎（？〜？）**
下総佐倉藩領の義民。本名木内惣五郎。佐倉領200村余の村民を指導し、藩主・堀田正信の重税による窮状を将軍に直訴したため、処刑されたという。史実では不明な点が多いが、『地蔵堂通夜物語』『佐倉義民伝』などで有名になる。

**国定忠治（1810〜1850）**
上野国定村の人で、本名は長岡忠次郎。博徒となって赤城山中を縄張りとし、上州から信州一帯で活動した。富める者から金銭を奪って貧しい人々に分け与え、天保の大飢饉では民衆を救済した侠客として、講談や芝居に脚色された。

た清水次郎長《しみずのじろちょう》は、慶応4年（1868）に明治新政府から戊辰戦争の要地である東海道筋・清水港の警固役を任されている。同年9月、幕府の軍艦・咸臨丸《かんりん》が清水港で官軍と衝突すると、次郎長はその事後処理にあたった。逆賊として放置されていた旧幕府海軍の船員の遺体を収容し、向島の砂浜に手厚く埋葬して「壮士《そうし》の墓」を建立した。この行為は新政府から問題視され咎められたが、次郎長は「死者に官軍も賊軍もない」と応じて突っぱねたという。これは次郎長の義侠心と独立独歩のスタンスを物語るエピソードとしてつとに有名だ。

さて、次郎長といえば、テレビや映画の時代劇でも博徒の大親分として描かれるが、明治以降は意外な開明ぶりを見せている。裏稼業から手を引き、社会事業家として「表」の世界で活躍したのである。

明治7年（1874）には、囚人を使って富士山南麓（現・静岡県富士宮市）の開墾事業に着手し、茶畑を開発した。栽培したお茶を輸出する計画を立てた次郎長は、清水港の発展にも尽くす。蒸気船が入

---

**清水次郎長**
**（1820～1893）**
本名山本長五郎。清水港に生まれ、米問屋の養子から博徒となった。清水を縄張りとして甲斐の黒駒勝蔵、伊勢桑名の穴太徳（あのうとく）らと抗争。のちに浪曲や映画で「海道一の大親分」として取り上げられ、人気を博した。

**咸臨丸**
幕府海軍の練習艦として用いられた軍艦。江戸幕府がオランダから買い入れた3本マストの木造帆船で100馬力の蒸気機関と大砲12門を備えていた。排水量は625トン、速力は6ノット。1860年には遣米使節随行艦として、提督・木村喜毅、艦長・勝海舟のもと日本

港できる港へと整備する必要性を説き、同9年には自身も清水と横浜間を回漕する海運会社「静隆社《せいりゅうしゃ》」を設立した。その後は、船客のための宿「末廣亭」を開業し、アメリカ人の英語教師を招いて塾を開くこともあったという。

明治26年（１８９３）、風邪をこじらせた次郎長は74歳で世を去る。動乱に身を投じ、明治維新の影のプレーヤーとなった稀代の博徒は、畳の上で平穏な最期を迎えた。

## 大隈重信の「国民葬」と山県有朋の「民抜き国葬」

大正11年（１９２２）の年明け、維新後の日本を牽引した政界の重鎮が相次いで没した。大隈重信《おおくましげのぶ》と山県有朋《やまがたありとも》である。

二人の葬儀は同じ場所、東京・日比谷公園で催された。大隈は１月

最初の太平洋横断を果たした。

17日、山県はその3週間後の2月9日だった。しかし、国葬ではなかった大隈の葬儀が「国民葬」と称され、約30万人の市民が参列したのとは対照的に、国葬であった山県の葬儀は閑散としていた。参列者は自身の関係者ばかり。在野時代が長かった大隈と比べれば、政治家としての経歴は山県の方が格上といえる。それなのになぜこれほど違っていたのだろうか？

理由はシンプルで、晩年の山県は国民から不人気だったのだ。

佐賀藩出身の大隈重信は、内閣総理大臣を2回経験し、現在の早稲田大学である東京専門学校の創立者としても知られる。黒田清隆内閣の外務大臣時代には欧米列強との条約改正にあたったが、反対派から爆弾を投げられて片脚を切断する重傷を負う。大隈はこの足をアルコール漬けにして自邸に持ち帰り、関係者が来ると見せていたという。

豪胆な性格だった大隈のもとには食客や門人として身を寄せる者が多く、井上馨《かおる》、伊藤博文、渋沢栄一らが集まる大隈邸は「築地梁山《りょうざん》

---

**条約改正**

江戸末期に欧米諸国と結んだ不平等条約の改正事業をいい、治外法権の撤廃、関税自主権の回復などが中心となった。黒田清隆内閣の外相を務めた大隈重信は１８８９年、アメリカ、ドイツ、ロシアと個別交渉にあたり、日本の法権回復を認めさせる新たな条約の締結に成功。だが、大審院に外国人判事を任用する条件があることを知られると反対論が強まり、大隈は玄洋社の来島恒喜に爆弾を投げつけられ重傷を負った。

泊《ぱく》」と呼ばれた。首相時代には二十一カ条の要求で日中関係を悪化させるなど、大隈の政治家として実績には疑問符が付けられることもままある。とはいえ、薩長閥でなかったことへの判官《ほうがん》贔屓や、人材の育成に尽力した教育者としてのイメージから、庶民受けは上々だった。

一方、維新後に徴兵制、軍制を確立して「国軍《こくぐん》の父」と称された山県有朋は、軍人の一大勢力を形成し、軍や官政界に絶大な勢力を振るった。だが晩年の大正9年（1920）から翌年にかけて起こした「宮《きゅう》中某重大《ちゅうぼうじゅうだい》事件」により、彼は国民からの評価を著しく下げた。

この事件は、皇太子妃に内定していた久邇宮良《くにのみやなが》子《こ》女王の母系に色覚異常があるとして、元老の山

2度にわたって首相に就任し、以降も陸軍の最長老として陸軍や政界に「山県閥」を築いた山県有朋（国立国会図書館蔵）

---

**二十一カ条の要求**

1915年、日本が中国政府に突きつけた5号21か条からなる要求。第一次世界大戦で列国が中国から後退したのを利用し、山東省の旧ドイツ権益の継承、満鉄権益期限の99か年延長などを要求し受諾させた。これに対し、中国国内では受諾の5月9日を「国恥記念日」として反日運動を展開した。

**徴兵令**

国民の兵役義務に関して定めた法令。1873年、兵部大輔・山県有朋らの建議により発せられた。「国民皆兵」主義をとり、20歳以上の男子を兵籍に入れ、常備軍の兵役に3年間服させることを定めた。ただし、当初は多くの免役規定があった。

県らが婚約解消を図り、久邇宮家に辞退を求めたというものだった。久邇宮邦彦《くにひこ》王の暴露によってこれが明らかにされると、良子女王の母・俔子《ちかこ》妃が旧薩摩藩主・島津《しまず》忠義《ただよし》の娘だったことから薩長派閥間の勢力争いも絡み、事態は深刻化した。右翼勢力も動き出し、山県暗殺までささやかれた。

結局、翌大正10年2月に宮内省から婚約に変更はない旨が発表され、事件は落着する。しかし、山県の権勢は地に落ちた。また、直接的な表現こそ避けられたものの、世間にも「宮中某重大事件」は流布された。山県が世を去ったのは、そんななかの翌大正11年（1922）2月1日のことである。

民衆であふれた「国民葬」と民衆のいないガランドウの「民抜き国葬」、重鎮二人の没後のアシンメトリーはこうしてつくられたのであった。

# 老いの一徹に誰も逆らえなかった？日露戦争大勝利後の東郷平八郎

日露戦争勝利の立役者といえば、連合艦隊司令長官の東郷平八郎《とうごうへいはちろう》だろう。明治38年（１９０５）５月27日、日本海海戦でロシアのバルチック艦隊を「丁字《ていじ》戦法」によって撃滅した東郷は、イギリスで「東洋のネルソン」と称されるなど世界にその名を轟かせた。

日本海海戦の勝利で軍神と崇められるも、晩年は海軍の派閥争いに巻き込まれた東郷平八郎（国立国会図書館蔵）

戦後、東郷はその活躍によって国民的英雄となり、「生ける神」とまで称賛される。海軍元帥《げんすい》に列せられると、大正3年（１９１４）には東宮御学問所《とうぐうおんがくもんじょ》総裁に就任し、昭和天皇の教育係を

---

**日本海海戦**
日露戦争における最大の海戦。ロジェストベンスキーが指揮するロシアのバルチック艦隊を、東郷平八郎を司令長官とする日本の連合艦隊が迎え撃った。１９０５年５月27日から翌日にかけて対馬海峡東水道で戦闘し、日本の圧倒的勝利に終わった。

**丁字戦法**
敵艦隊とすれ違うように見せかけてその直前で左に進路をとり、敵の進路を遮断しながら砲撃するという戦法。

務めている。そして、海軍内では絶対的な存在となり、東郷の意見は軍部を大きく左右した。

だが、それゆえに晩年の東郷は、周囲を大いに混乱させることになる。東郷は、軍人でありながら政治に関与することを好んだのだ。

特に東郷が影響力を行使したのが、昭和5年（1930）のロンドン海軍軍縮会議だった。英・米・日・仏・伊が参加したこの会議は、補助艦艇の保有制限を主な目的としていた。日本政府は補助艦の総トン数で対米7割を主張したが、アメリカは対米6割を要求。結果的に浜口雄幸《おさち》内閣は、日本の主張をほぼ通した対米6.975割の妥協案での条約調印に踏み切った。

だが、この軍縮条約の批准をめぐって、浜口内閣と軍部の対立が表面化する。海軍内でも批准《ひじゅん》に同意する条約派と反対を唱える艦隊（強硬）派の対立が生じると、東郷は強硬派にかつがれて反対した。対米批准は「あくまで7割でなければならない」と主張し、当時の谷口尚《なお》

---

**浜口雄幸**
**（1870～1931）**
高知県生まれ。蔵相、内相を経て立憲民政党の総裁となり、1929年に組閣。緊縮財政の立場から金解禁、産業の合理化、ロンドン海軍軍縮条約の調印などを断行。しかしその政策が軍部や右翼の憤怒を招き、1930年に東京駅で右翼青年に撃たれ、翌年にその傷がもとで死亡した。

真《み》軍令部長の説明にも耳を貸さなかった。さらに条約そのものにも反対し始めるなど、その態度は頑迷をきわめた。

最終的に軍縮条約は締結されたものの、東郷の反軍縮への固執はやがて、統帥《とうすい》権独立を大義名分にした軍部独裁の動きを活発化させていく。そして、日本を太平洋戦争へと導くことになるのだった。

昭和6年（1931）の満州事変勃発の前には、日米戦争につながることを懸念した軍令部長の谷口は陸軍の動きを抑制しようとした。ところが東郷は、そんな谷口を面罵している。

昭和8年（1933）に喉の痛みを訴えた東郷は、翌年5月30日、咽頭ガンのため86歳で死亡する。日比谷公園で国葬をもって送られるとともに、死後に神格化された東郷は「東郷神社」（東京都渋谷区神宮前）の御祭神として祀られた。東郷自身は生前にこの神社建立の計画を聞くと強く拒絶したが、その願いは聞き入れられなかったことになる。

---

**満州事変**

1931年、満州（現・中国東北区）で発生した日本軍と中国軍との武力衝突で、実質的には日本軍による満州侵略戦争。同年9月18日、奉天郊外で日本軍が鉄道爆破事件（柳条湖事件）を起こし、これを中国軍のしわざとして強引に開戦した。その後の日中戦争、太平洋戦争の端緒に位置づけられている。

## 戦後初の首相から新興宗教の教祖に！東久邇宮稔彦王の気ままな後半生

昭和20年（1945）8月15日、ポツダム宣言全面受諾の玉音放送《ぎょくおん》を終え、敗戦の責任をとった鈴木貫太郎内閣は総辞職した。その2日後、第34代首相の座に就いたのが、皇族の東久邇宮稔彦王《ひがしくにのみやなるひこおう》である。憲政史上、最初で最後の皇族出身の首相となった。

東久邇宮稔彦王は、久邇宮朝彦《くにのみやあさひこ》親王の九男に生まれ、昭和天皇の后である香淳《こうじゅん》皇后の叔父にあたる人物。この時57歳で、現役の陸軍大将だった。東久邇宮が総理に任命されたのも、その経歴ゆえである。降伏に不満を持つ陸軍を抑えるため、また敗戦に動揺する国民を少しでも安心させるためには、皇族であり陸軍大将でもある彼こそふさわしいと考えられたのだ。

東久邇宮は当初、総理拝命を固辞していた。だが、昭和天皇に懇願

**鈴木貫太郎（1868～1948）**
連合艦隊司令長官、軍令部長などを歴任し、枢密院議長を経て、1945年4月に首相に就任。反対派を抑えてポツダム宣言を受諾し、太平洋戦争を終結に導いた。

され、終戦処理が終わったらすぐに辞めるという条件で、やむなくこれを受け入れている。首相就任後は陸軍大臣を兼任して軍を解体し、9月2日には東京湾沖のミズーリ号上で降伏文書に調印するなど終戦処理にあたった。

しかし、民主化政策をめぐってGHQと対立し、同年10月9日、わずか54日間の任期で東久邇宮内閣は総辞職した。

その後、東久邇宮は昭和22年（1947）10月14日に皇籍を離脱。庶民となり、東久邇《ひがしくに》稔彦《なるひこ》と名乗った。ただ、彼のその後の生涯は、元皇族とは思えない非常にユニークなものであった。

終戦後、皇族でありながら第43代首相の座に就いた東久邇宮稔彦王（国立国会図書館蔵）

商売に熱心だった東久邇宮は、新橋駅西口の闇

---

**GHQ**
連合国最高司令官総司令部。終戦後の連合国軍による日本占領期間中、東京千代田区の第一生命館に置かれ、マッカーサー元帥を最高司令官とした。占領政策の実施にあたって絶対的な権限を有し、ここから指令を発して日本政府に施行させた。サンフランシスコ平和条約の発効とともに消滅。

市に「東家」という名前で乾物商を開いたがうまくいかず、その後は喫茶店の経営や宮家所蔵の骨董品の販売などを行った。だがいずれも失敗し、長続きはしなかった。昭和25年（1950）には、「ひがしくに教」という禅宗系の新興宗教を開教し、教祖になっている。しかし、宗教法人として認可されることなく、のちに解散している。

晩年の昭和54年（1979）には、「東久邇紫香」を自称する女性によって無断で入籍され、結婚無効の調停を起こすはめになるなど、波乱は尽きなかった。ただ最晩年は、子どもや孫と離れて一人で暮らし、視力をほとんど失って終日ラジオを聞く毎日だったという。

そして平成2年（1990）1月20日、102歳の長寿を全うした。102歳という年齢は世界の首相経験者の最長寿者として、ギネスブックに登録されている。

# 第3章

## 教科書には載らない

# あの日本史の「顛末」

## 明治維新後、藩政府への反乱で歴史の幕を下ろした奇兵隊

「奇兵隊《きへいたい》」を創設した高杉晋作《たかすぎしんさく》は、代々藩主の側近を輩出した長州藩の名家に生まれた。吉田松陰《しょういん》門下では久坂玄瑞《くさかげんすい》と「双璧」として知られ、攘夷強硬派のリーダーとして早くから藩内で頭角を現した。

奇兵隊は来るべき外国軍艦の来襲の備えとして組織されたが、武士以外の、町人や農民から広く民兵を募って編成された点で画期的だった。晋作は既存の武士勢力だけで戦うことの限界を感じ、もっぱら力量を重視して強固な軍隊をつくろうとしたのである。かつて、長州藩では数十万人が参加したといわれる長州天保《てんぽう》大一揆が発生していたが、晋作は庶民による巨大なエネルギーを外敵に向けようとした。

文久3年（1863）6月、正式に奇兵隊が結成され、晋作は初代総督となった。が、隊士の私怨による内輪もめで2人の死者を出した

---

**吉田松陰（1830～1859）**
長州藩士で、尊皇論者として知られる。江戸に出て佐久間象山に学んだ。萩城下の松下村塾で尊王攘夷論を説き、高杉晋作、久坂玄瑞、伊藤博文ら維新の指導者を育成した。安政の大獄につらなり刑死。

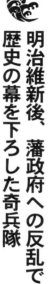

ことの責を負い、わずか3か月で総督を更迭されてしまう。その後、奇兵隊は総督・赤禰《あかね》武人《たけと》、軍監・山県狂介《やまがたきょうすけ》（有朋）のもと、第一次長州征伐、そして四境戦争（二次長州征伐）を戦った。

慶応3年（1867）4月14日、肺結核を患っていた晋作が29歳の若さで病没する。

翌年からの戊辰戦争では、長州藩が新政府軍の中心勢力となり、旧幕府軍と戦った。そのなかにあって奇兵隊は北越方面に出征し、奥羽《おうう》越列藩《えつれっぱん》同盟相手に最前線で奮闘する。西洋式の訓練を受けた奇兵隊隊士たちは、ミニエー銃やスナイドル銃といった洋式銃を使いこなして戦果を上げた。

長州藩を倒幕の方向に導き、革新的な軍隊を創設した高杉晋作（国立国会図書館蔵）

---

**赤禰武人（1838〜1866）**
吉田松陰の松下村塾で短期間学んだ後、梅田雲浜（うんぴん）の望南塾に入塾。高杉晋作が奇兵隊を結成すると入隊し、1864年の四国艦隊下関砲撃事件では3代総督として奇兵隊を率いた。

**奥羽越列藩同盟**
戊辰戦争に際し、東北・北越諸藩が結んだ反新政府同盟。当初は新政府から朝敵とされた会津・庄内両藩の赦免嘆願を目的に結成されたが、次第に軍事同盟化した。1868年5月に31藩が参加していたが、新政府軍への降伏や寝返りで9月には瓦解。なお、会津・庄内両藩は参加していない。

しかし、維新政府が成立し、凱旋した彼らを待っていたのは突然の解散命令だった。

長州藩は奇兵隊をはじめとする諸隊5000人を用済みとし、一部を常備軍に編成する一方、大半の隊士を解雇した。解雇者は3000余名にのぼる。しかも職を失った兵士の多くは農家の次男や三男で、帰る場所はない。彼らは正規の兵士になりたいがために戦争を必死で戦ったのだ。

明治2年（1869）、反発した1200人余りは山口を脱して宮市に屯集し、藩庁を包囲するなどして「脱隊騒動」と呼ばれる反乱を起こす。しかし、木戸孝允《きどたかよし》が指揮する常備軍によって武力鎮圧され、133名もの刑死者を出して反乱は終結する。逃亡した反乱兵たちは、その後10年にわたって指名手配された。奇兵隊の歴史は後味の悪さを残して、ここに幕を下ろしたのである。

---

**常備軍**
平時から常設されている軍隊。皮肉なことに、脱退騒動においては、常備軍編成から漏れた脱退兵らは木戸孝允率いる常備軍によって鎮圧された。

## 「応仁の乱」終結後に起きていた戦国時代の幕を開けた決定的事件とは？

応仁元年（1467）～文明9年（1477）の11年間、全国の諸大名が東西両軍に分かれ、京都市街を主戦場として争った「応仁《おうにん》の乱」。長引いた戦乱は京の都を焼け野原にし、有効な解決策を示せなかった室町幕府の権威は大きく揺らいだ。だが、両軍の中心的存在だった山名宗全《やまなそうぜん》と細川勝元《かつもと》が相次いで亡くなると厭戦気分が漂い始め、決着を見ぬまま、両軍の諸大名は領国に撤収し乱は終結する。

一方、戦乱が全国に広がる間、地方では在国して戦った守護代《しゅごだい》や国《こく》人《じん》（土着武士）が力を伸ばし、領国支配の実権は守護大名から彼らに移っていった。そして守護大名から権力を奪った彼らは、のちに戦国大名へと転身する。

応仁の乱が〝戦国時代の幕開け〟といわれるのは、幕府権威の失墜

---

**山名宗全（1404～1473）**
宗全は法名。名は持豊。将軍暗殺事件（嘉吉の変）を起こした赤松満祐を討伐した功により、一族で9か国を領する山名氏全盛期を築いた。応仁の乱では日野富子・足利義尚を支持して西軍の大将となり、細川勝元に対抗した。

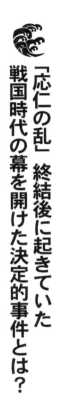

によって守護大名の権限増大を許し、また諸国でこうした下剋上を生むきっかけをつくったからである。

とはいえ、応仁の乱終結後、室町幕府も秩序の乱れゆく様をただ傍観していたわけではない。長享元年（１４８７）、９代将軍・足利義尚《よしひさ》は幕府の威信回復を目指し、守護領や公家の荘園を押領していた近江守護・六角高頼《ろっかくたかより》の征伐を決意する。若き将軍・義尚の脳裏には、六角氏を征討すれば他の守護大名への見せしめになるとの思いがあったに違いない。こうして義尚率いる総勢2万５０００の軍勢は近江に入ったが、六角軍のゲリラ戦法に手を焼き、戦線は膠着した。そして延徳元年（１４８９）、義尚が陣中で没し、六角氏征伐は中断されてしまう。

義尚の跡を継いで10代将軍となったのは、義材《よしき》（のちの義稙《よしたね》）であった。義材は前将軍にならい、積極的に有力守護統制の動きを見せ、義尚が成し遂げられなかった六角氏征伐に成功する。さらに前管領の畠《はたけ》

**細川勝元（１４３０～１４７３）**
室町幕府の管領として勢力を振るった。８代将軍・足利義政の後継者問題が起こると義政の弟・義視を擁立。義政の子・義尚を立てた宗全と対立する。応仁の乱では東軍の総大将として戦ったが、陣中で病没した。

全国の諸大名が東西両軍に分かれ、11年にわたって争った応仁の乱。『真如堂縁起絵巻』下巻にはその戦いの1つ、東岩倉の戦いが描かれている（真正極楽寺）

山政長《やままさなが》と協調し、お家騒動で政長と対立する畠山義豊《よしとよ》を討伐すべく河内国へと出征した。

しかし、この義材の動きを危険視する者がいた。管領の細川政元《まさもと》である。明応2年（1493）、義材が畠山氏討伐に出向くと、政元は将軍不在となった京都でクーデターを決行する。日野富子《ひのとみこ》や伊勢貞宗《いせさだむね》ら幕府有力者を抱き込み、堀越公方《ほりごえくぼう》であった足利政知《まさとも》の子・義澄《よしずみ》を11代将軍として擁立。それと同時に、京都を制圧したのだった。義材は畠山政長とともに抵抗したが、結局京都龍安《りょうあん》

**細川政元（1466〜1507）**
勝元の子。細川一族でも嫡流である京兆家を継承。足利義澄を擁して11代将軍とし、自らは管領となって幕政の実権を握った。養子の澄之・澄元の家督争いに巻き込まれ、澄之派の家臣香西氏らに暗殺された。

**日野富子（1440〜1496）**
第8代将軍・足利義政の妻。実子の義尚を将軍に立てるために山名宗全と結び、養子の義視、その後見人である細川勝元と対立。応仁の乱の一因となった。高利貸しや米相場、関所設置で蓄財し、幕政に深く関与した。

寺《じ》に幽閉されてしまう。将軍が大名によって追放されたこの事件は「明応《めいおう》の政変」と呼ばれる。

11代将軍の座に就いた義澄は細川政元の傀儡《かいらい》でしかなく、これ以降、足利将軍は有力者の後ろ盾なしには存続できなくなった。そして、大名が自らの手で将軍を擁立するという最大の下剋上は、全国で下剋上の動きを加速させていく。

応仁の乱後に起こったこの明応の政変もまた、戦国時代の幕開けを告げる大転換点だったのである。

## 流刑の危機から一転、また遣隋使に！ 隋から帰国した小野妹子のその後

歴史の教科書には「遣隋使《けんずいし》」とセットで名前が出てくる小野妹子《おののいもこ》だが、実は彼は最初の遣隋使ではない。推古《すいこ》8年（600）の第一回遣

隋使の7年後、妹子は第二回遣隋使の使節だった。

推古15年（607）、妹子は対等な外交関係を宣言する倭《わ》王の国書を携えて渡海したが、その国書が隋皇帝・煬帝《ようだい》を激怒させたことはご存じのとおりだ。その様子は『隋書』に記録されている。国書の「日出《い》づる処《ところ》の天子、書を日没《ぼっ》する処の天子に致《いた》す」という書き出しを聞いた煬帝は怒りを露わにし、外交担当官に「無礼な蕃夷《ばんい》の書は、二度と見せるな」と命じたという。煬帝にとって天子は自分ただ一人であり、倭王が天子を名乗るのは許し難いことだった。

それでも外交関係を見据えた煬帝は返書をしたためるとともに、返礼の使者として裴世清《はいせいせい》を同行させ、妹子を無事に帰国させた。

ところが妹子は、倭国に戻ってからが無事でなかったのである。帰国した妹子は推古天皇に驚きの報告をする。煬帝からの返書を、帰路で立ち寄った百済《くだら》で奪われ、紛失したというのだ。

この大失態に廷臣たちは大騒ぎし、責任を取らせて妹子を流刑に処

---

**遣隋使**
厩戸皇子（聖徳太子）が大陸の隋に送った使節。600年から614年まで5回送られた。中国の制度や文化を吸収し、隋と対等の外交関係を結んで朝鮮半島への影響力を維持することを目的としていた。

**煬帝（569～618）**
隋の2代皇帝。兄を失脚させ、父を殺して即位した悪帝として知られる。高句麗遠征などで人民を酷使したため各地で反乱が起こり、最後は臣下の宇文化及（うぶんかきゅう）に殺された。

すことに決めた。ただ、隋の使者が来日中であったことから、外聞を気にした推古天皇により許されている。

返書紛失はそもそも妹子の虚言だったともいわれる。倭国が強気な対等外交を仕掛けたことで、煬帝はかなり怒っていた。そのため返書には倭国を侮辱した言葉が数多くあり、それらを認めた妹子はあえて盗られたことにして事を収めたというわけだ。

さて、その後妹子はどうなったのだろうか？

実は帰国してから半年後、第三回遣隋使としてまた隋に渡っている。この時は南淵請安《みなみぶちのしょうあん》、高向玄理《たかむこのくろまろ》、僧旻《みん》ら留学生を伴っており、彼らはのちに隋や唐の進んだ知識を日本に伝え、「大化の改新」で活躍した。妹子は2回にわたる渡海で、大化の改新という歴史的偉業にも間接的に関わることになったのである。

遣隋使としての働きを評価された妹子は、冠位《かんい》十二階の最高位である「大徳《だいとく》」の位を授けられ、晩年になると出家した。妹子が入った六

---

**百済**
朝鮮の古代三国の一つ。三国はほかに新羅と高句麗。百済は建国当初より日本とは友好関係を保ち、仏教大陸文化を日本に伝えたが、６６０年に新羅・唐連合軍に滅ぼされた。

**大化の改新**
中大兄皇子と中臣鎌足らが蘇我氏本宗家を滅ぼした６４５年の乙巳の変に始まる、一連の政治改革。唐の律令制を手本とし、公地公民制による中央集権国家の建設を目指した。その実現には、中国で政治や文化を学んで帰国した留学生を積極的に活用した。

角堂（紫雲山《しうんざん》頂法寺《ちょうほうじ》）は、いけばな池坊の発祥の地として有名である。

## 坂本龍馬を暗殺した実行犯は何を告白したのか？

醤油商・近江屋に身を潜めていた坂本龍馬と中岡慎太郎《なかおかしんたろう》が暗殺されたのは、慶応3年（1867）11月15日の夜だった。風邪気味だった龍馬は軍鶏《しゃも》鍋を食べたいと思い、小者の峰吉に軍鶏肉を買いに行かせていたその隙に起きている。頭を深く斬られた龍馬はほぼ即死、重傷を負った慎太郎は2日後に死亡した。

この「近江屋事件」の実行犯は当初、新選組の原田左之助《さのすけ》らとされた。現場に残された鞘《さや》などの物証、「こなくそ」という伊予弁（原田佐野助は伊予出身）、元・新選組幹部で事件の数日前に龍馬の元を訪れていた伊東甲子太郎《かしたろう》の同志の証言がその根拠とされている。また、北《ほく》

**中岡慎太郎（1838〜1867）**
土佐藩郷士の家に生まれる。土佐勤王党に参加したのち、上京して尊王運動に奔走したが、藩論が公武合体に傾くと脱藩。以後は長州藩で活動したが、坂本龍馬とともに土佐藩から脱藩罪を赦免されると、武力討幕のための浪士隊・陸援隊を結成し隊長に就いた。

辰一刀流《しんいっとうりゅう》剣術の達人である龍馬を殺害できる実力のある人物となると、同じ新選組でも斎藤一《はじめ》ではないかとする見方もあった。

ところが明治３年（１８７０）、京都見廻組《みまわりぐみ》の隊士だった今井信郎《のぶお》は明治政府による取調べのなかで、近江屋を襲撃したのは見廻組だったことを供述する。刺客は佐々木只三郎《ただざぶろう》、今井信郎、渡辺吉太郎《きちたろう》、高橋安次郎《やすじろう》、桂早之助《はやのすけ》、土肥仲蔵《どひちゅうぞう》、桜井大三郎《だいざぶろう》の７人。指揮したのは佐々木で、「近江屋を訪問した際には松代藩を名乗った」「御差図《おさしず》があった」ことなども証言した。今井はこの自白で裁判により禁固刑となったが、明治５年（１８７２）に特赦により釈放されている。

今井はその後も幾度か証言しているが、大正４年（１９１５）には別の人物が龍馬暗殺犯として名乗り出ている。元見廻組隊士の渡辺篤《あつし》が死去する間際に「坂本龍馬は自分が殺害した」と告白したのだった。渡辺の証言は、文書（『渡辺家由緒暦代系図履暦書』）にも記録されており、それによると龍馬暗殺の実行犯は渡辺自身と佐々木、今井、

---

**京都見廻組**

江戸幕府が京都の治安を維持するために設置した警ら部隊。新選組とともに京都守護職に属し、洛中の反幕府勢力を取り締まった。ただし、見廻組は旗本や御家人の子弟からなり、新撰組より格式が高く、新選組が歓楽街を担当したのに対し、御所や二条城周辺を担当した。総員は４００名ほどであった。

他3人の計6人。刀の鞘を置き忘れたのは世良敏郎《せらとしろう》だという。

今井と渡辺の証言には刺客の人数や鞘の持ち主など、いくつかの点で食い違いがある。だが、これら元見廻組隊士の口述・記録以外に確実な史料が存在しないため、現在も龍馬暗殺の実行犯は見廻組であるという説が有力視されている。指図した黒幕についても、いろは丸事件で龍馬に多額の賠償金を払うはめになった紀州藩、大政奉還を陰で支えた龍馬が疎ましかった薩摩藩、果ては倒幕側に武器の売り込みを狙っていた武器商人・グラバーなど、さまざまな動機と諸説が語られているがいまだ謎である。とはいえ、見廻組を支配下に置き、暗殺直前まで龍馬捕縛命令を出していた京都守護職・松平容保《かたもり》であっ

維新後に坂本龍馬暗殺を供述した元見廻組の今井信郎。のちに静岡県初倉村村長を務めた

**佐々木只三郎（1833〜1868）**
会津藩出身。藩校の日新館にて神道精武流剣術を学び、「小太刀をとっては日本一」と称された。1864年、京都見廻組が組織されると見廻組与頭勤方に任じられ、のちに与頭に昇進。実質的に見廻組を統括した。坂本龍馬暗殺の指揮をとったといわれる。鳥羽・伏見の戦で被弾し、死去。

**京都守護職**
尊王攘夷派志士が跋扈した京都市中の守衛を目的に、1862年に幕府が新設。京都所司代、大坂城代を指揮下に置き、反幕府勢力の鎮圧にあたった。会津藩主・松平容保が任じられた。

た可能性が高いとされる。

ちなみに、土佐藩士で龍馬暗殺の現場に真っ先に駆けつけた谷干城《たてき》は、新選組犯行説を頑なに信じていた。今井の証言を否定し、「今井が両人を斬ったというのは大きな間違い。売名行為である」とのちの演説のなかで述べている。また、慶応4年（1868）4月25日、近藤勇が官軍に捕らえられ、板橋刑場で斬首されて京都三条川原に首を晒される極刑を受けたが、これを強く主張したのは谷だった。近藤は新選組の関与を否定していたが、谷は龍馬暗殺の責任を元新選組局長に取らせたのだった。

## 唯一の「大坂を脱した五人衆」!? 明石全登はどこに消えた？

江戸幕府を開いた徳川家と豊臣家の最終決戦となった大坂の陣。豊臣秀頼が飛ばした檄に応じ、大坂城には10万人を超す牢人が入城したが、豊臣恩顧の大名の参陣はなかった。そんななか長宗我部盛親《ちょうそかべもりちか》、毛《もう》利勝永《りかつなが》、真田信繁《さなだのぶしげ》（幸村《ゆきむら》）、後藤基次《ごとうもとつぐ》（又兵衛《またべえ》）、明石全登《あかしてるずみ》（掃部《かもん》）の5人は、元大名あるいは大名家の元重臣として兵を統率できる数少ない存在であった。この5人は「大坂五人衆」と呼ばれ、豊臣方の主力となって、慶長19年（1614）の冬の陣、翌年の夏の陣を戦った。

五人衆のうち盛親、勝永、信繁、基次の4人は奮戦も虚しく夏の陣で戦死したが、史料によっては「大坂を脱した」とされているのが明石全登である。

熱心なキリシタン大名として知られる明石全登（『太平記英勇伝五十三：明石儀太夫秀基』落合芳幾画）

全登はキリスト教に帰依しており、ドン・ジョアンの洗礼名を受け、宣教師を自らの屋敷に滞在させるほど熱心な

---

**長宗我部盛親（1575～1615）**
土佐の戦国大名・長宗我部元親の四男。家督を継ぐが、関ヶ原の戦いで西軍に属し、戦後、徳川家康に所領を没収された。

**毛利勝永（?～1615）**
元は森氏を称した。父・勝信は豊前小倉6万石の城主。勝永も豊前国内に1万石を領したとされる。

**後藤基次（1560～1615）**
黒田家に仕えて豪勇をうたわれた。九州征伐、文禄・慶長の役、関ヶ原の戦いでも武功を立てたが、当主・長政と合わず出奔。

キリシタンだった。備前宇喜多《うきた》家の家老で3万4000石の知行を得ていたが、関ヶ原の戦い後に喜多家が没落すると、黒田家などを転々とする。豊臣方に与力したのは「勝利に貢献すれば禁教令を撤回し、キリシタンが日本で生活できる」との理由からだったとされる。

大坂夏の陣の最終戦となった天王寺・岡山の戦いにおいて、全登は300余名の決死隊を率い、家康本陣まで今一歩というところまで迫っていた。しかし正面部隊の壊滅を聞くと、松平忠直《ただなお》・水野勝成《かつなり》勢に突撃し、そのまま戦場を離脱したという。そして、以後は消息不明となる。

『徳川実紀《とくがわじっき》』では全登はこの戦いで戦死し、首級をあげたのは水野勝成の家臣だとしている。だが、家康は大坂夏の陣終結直後に大規模な残党狩りを行い、全登も「明石狩り」としてそのターゲットにされていることは全登の討ち死にと矛盾する。また、この段階で全登の娘・レジナ（洗礼名）が捕縛されているが、家康は自ら尋問し、全登の居

---

**松平忠直**
**（1595～1650）**
越前福井藩2代藩主。結城秀康の長男で、徳川家康の孫にあたる。大坂夏の陣で真田信繁を討つなど大きな戦功を挙げたが、戦後の論功で領地の加増はなく、その不満から幕府に不遜な行動をとり、改易されて豊後に流された。

所を尋ねているのだ。明石狩りはその後も執拗に繰り返され、寛永10年（１６３３）にはついに嫡男の明石小三郎が薩摩で捕らえられ、江戸に送還されている。

では、全登はいったいどこに消えたのか？『備前軍記《びぜんぐんき》』は「全登は新天地を求めて南方（東南アジア）に船出した」と記し、数年後に病死したとしている。『大村家譜』や『山本豊久私記』では次男・内記《ないき》とともに九州に落ち延びたという説が紹介されており、他に土佐香美《かみ》郡（現・高知県香美市）に隠棲したとする説や、キリシタンの伝手で南蛮（ヨーロッパ）に逃れたとする説もある。秋田県大館市比内《ひない》町には全登の系譜を引く一族がおり、その家伝によれば全登は伊達家や津軽家に匿われ、奥州で天寿を全うしたという。

全登の子孫には、江戸時代後期に文人として活躍した武元登々庵《たけもととうとうあん》・君立《くんりつ》兄弟がいる。また、日露戦争における諜報活動で知られる明石元《もと》二郎《じろう》陸軍大佐も後裔といわれる。だが、いずれも確証はなく、全登がどこに眠っているかさえ、いまだ不明である。

## 一夜にして一族郎党が滅亡！ 天正地震で埋没した「幻の帰雲城」

日本は古来から地震大国だった。最古の地震として記録があるのは天武天皇13年（684）の白鳳《はくほう》地震。『日本書紀《にほんしょき》』には「土佐国（高知県）の田畑五十余万頃《しろ》が没して海となった」などの記述がある。また、江戸時代の宝永《ほうえい》4年（1707）10月4日に発生した宝永地震は、日本史上最大級の南トラフ地震といわれる。巨大地震と津波による被害は東海道から四国まで及び、死者の数は2万人を超えたという。

このように有史以来、日本は数々の地震に脅かされてきた。そして戦国時代の天正年間には、巨大地震が過去に例を見ない結末をもたらしている。天正13年（1586）11月29日に起きた天正地震は、一夜

**日本書紀**
奈良時代の720年に成立した日本最古の歴史書。30巻。舎人親王、太安万侶らが編纂にあたり、神代から第41代持統天皇までの歴史を漢文で編年体に記した。『日本紀』とも呼ばれる。

にして、一族郎党を城ごと消し去ったのだ。

消えた城は帰雲城《かえりくも》といい、合掌造りの集落で有名な飛騨国（現・岐阜県）白川郷《しらかわごう》にあった。この一帯は、室町時代に入植し戦国大名化した内ヶ島《うちがしま》氏の支配領で、帰雲城は内ヶ島氏代々の居城である。内ヶ島氏は外征することはほとんどなく、急峻な地形を要害として外敵を寄せつけず、もっぱら領内で金山、銀山などの鉱山を経営していた。

５代にして最後の当主・内ヶ島氏理《うじまさ》の代になると、氏理は当時勢力を伸ばしていた織田信長に臣従する姿勢を見せ、その家臣・佐々成政《さっさなりまさ》と結びつく。本能寺で信長が横死した後も成政に従い、成政が羽柴秀吉と争うと協力して戦った。だが、天正13年（１５８５）、秀吉配下の金森長近《かなもりながちか》が飛騨に侵攻すると城を奪われ、氏理は長近を通じて秀吉と和睦。長近の臣下に加わることで、内ヶ島氏の家名と所領を安堵されたのだった。

そして天正13年11月29日。秀吉との和睦成立を受け、氏理は一族や重臣らと祝宴をあげていた。しかし深夜、突如として激しい揺れが飛騨を襲ったのである。日本海の若狭湾から太平洋の三河湾にまで及ぶ大地震、天正地震だった。

城のあった帰雲山は崩壊し、土石流はあっという間に直下の帰雲城と城下町を呑み込んだ。城にいた内ヶ島一族とその家臣、城下の領民ら千数百名は一瞬にして生き埋めになった。白川郷を支配した内ヶ島氏は、こうして一夜にして地上からその姿を完全に消したのである。

現在も帰雲城がどこにあったのか、正確な場所はわかっていない。内ヶ島氏は領内に金山を保有していたことから、帰雲城には大量の金銀財宝が埋まっているという埋蔵金伝説もある。氏理の弟・経聞坊《きょうもんぼう》は、仏門に入っていたおかげで一族では唯一の生き残りとなり、この地震の記録（『経聞坊文書』）を今日に伝えている。

## 遺族にまで厳しい処分が及んだ「赤穂事件」後の吉良家・浅野家の史実

元禄14年（1701）3月14日、江戸城松の廊下で播磨赤穂藩主・浅野《あさの》内匠頭長矩《たくみのかみながのり》が高家《こうけ》筆頭・吉良上野介義央《きらこうずけのすけよしひさ》に斬りつける刃傷事件が起きた。長矩は即日切腹を命じられ、赤穂浅野家はお家断絶となる。軽傷の義央にお咎めはなく、主君の仇を討たんとする旧赤穂藩四十七士は吉良邸に討ち入った。義央は首を取られ、のちに浪士たちは全員切腹。これが『忠臣蔵』でおなじみの赤穂事件である。

しかし『忠臣蔵』には描かれていないが、赤穂事件には「その後」がある。

吉良邸討ち入りから約1か月半後の元禄16年（1703）2月4日、討ち入った四十七士には切腹の裁定が下されたが、処分はその遺族にも及んだ。「15歳以上の男子は遠島《えんとう》、未満の男子は15歳になるのを待っ

---

**浅野長矩**
**（1667～1701）**
播磨赤穂藩3代藩主で、5万3000石を領した。1701年、勅使の江戸下向に際して幕府に接待役を命じられる。この儀礼の指導を吉良義央に仰いだ時に侮辱され、江戸城中で斬りつけた。

て遠島」という厳刑である。四十七士の遺児19人のうち、15歳以上の4名が実際に伊豆大島に流罪となり、15歳以下の者は親類預けとなった。ただ、流刑者では唯一、間瀬定八《ませさだはち》が20歳で病死したが、他3名は宝永3年（1706）に赦免されている。また、「妻と女子、及び僧籍にある男子は免罪」とされたため、大石良雄《おおいしよしお》（内蔵助《くらのすけ》）の次男・吉之《きちの》進《しん》などが仏門に入れられた。

一方、討ち入られた側の吉良家は、取り潰されている。討ち入り当時、吉良家の当主は義央の養子（孫）の義周《よしちか》だったが、父・義央を守りきれなかったことは武士の恥とされ、領地召し上げのうえ信濃高遠藩主諏訪安芸守《すわあきのかみ》へのお預けに処されたのである。そこでは、四六時中監視され、寒くても火鉢さえあてがわれない罪人同様の生活が待っていた。生来病弱だった義周はその辛い日々に耐えられず、幽閉から3年目に病に倒れると、21歳で病没した。

ここに鎌倉以来続いた吉良家は断絶したが、下って享保17年

---

**吉良義央（1641～1703）**
父・義冬の遺領を継ぎ、三河吉良4000石を領した。吉良家は足利将軍一族の名門で、高家肝煎などを務めた。知行地では新田開発や築堤を行い、文化財を寄進するなど名君と謳われたという。

**大石良雄（1659～1703）**
通称内蔵助。大石家は代々播磨赤穂藩で家老職を務め、良雄も21歳で筆頭家老に就いた。浅野長矩が殿中刃傷事件に及び即日切腹、浅野家取りつぶしの命を受けると、赤穂から京都山科に隠遁。同家再興を幕府に嘆願したが容れられず、吉良邸討ち入りを決意した。

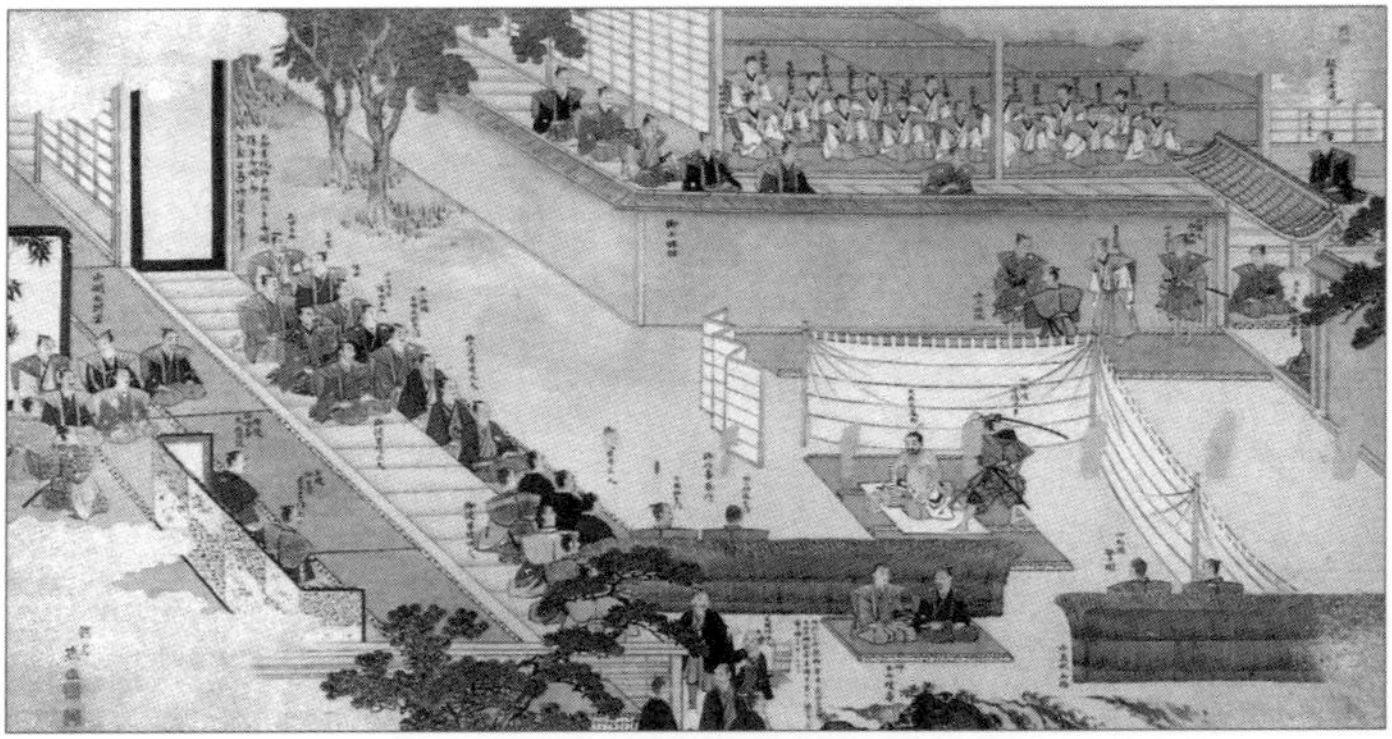

『大石内蔵助義雄切腹之図』より。吉良邸討ち入りを指導した大石良雄らの切腹は、細川越中守綱利の屋敷の庭で執り行われた（兵庫県立歴史博物館所蔵）

（１７３２）、義央の弟・東条《とうじょう》義叔《よしすえ》が興した東条家が吉良姓への復姓を願い出ると幕府に許され、吉良家は再興されている。吉良家の高家旗本の家格は吉良家の分流・蒔田《まいた》家が継ぎ、こちらも吉良姓に復姓したのち幕末まで続いた。

そして赤穂事件後、もっとも悲惨な日々を送ったのは、討ち入りに加わらなかった旧赤穂藩士たちだった。当初、討ち入りの同盟者は１２０余名いたがその後脱盟が続き、江戸入りしたのは55名、討ち入り直前にも8名が離脱している。世間は義央を討ち取った四十七士に喝采を送った一方で、離脱した浪士たちを不忠者、臆病者と非難した。そのため生き延びた者たちは生まれを隠し、名前を変えて余生を送ったという。

脱盟者の一人・高田郡兵衛《たかだぐんべえ》は、討ち入り成功後、祝い酒を持って泉《せん》岳寺《がくじ》の同志たちの前に現れた。しかし追い返され、のちに自害したという。小山田庄左衛門《おやまだしょうざえもん》は金を盗んで同盟から逃げたが、その責任をとったのは彼の父だった。息子の逃走を知った庄左衛門の父・一閑《いっせん》は自害して果て、息子に代わって四十七士に詫びたのであった。

## 支持率最低のダメ政策だった後醍醐天皇の「建武の新政」

元弘3年（1333）に鎌倉幕府を滅ぼした後、後醍醐天皇自らが——

行った新しい政治を「建武《けんむ》の新政《しんせい》」という。しかし、天皇の政策は武士たちの不満と抵抗を引き起こし、足利尊氏が反旗を翻すと、2年余りで瓦解してしまった。

ただし、武士の反乱を招いたのは「天皇が公家を重視したから」とうろ覚えしているとすればそれは正しくない。むしろ建武政権は勲功のある武士を重用し、体制の一部は鎌倉幕府から受け継いでいた。ではなぜ短期間で崩れてしまったのだろうか？

建武の新政の主導者である後醍醐天皇が目指したのは、徹底した天皇集権だった。ゆえに後醍醐天皇は、幕府を否定し、また院政や摂政・関白を廃止して貴族政治の慣習さ

鎌倉幕府を打倒し、天皇中心の理想政治を打ち出した後醍醐天皇（清浄光寺蔵）

---

**後醍醐天皇**
**（1318～1339）**

第96代天皇。名は尊治（たかはる）。鎌倉幕府打倒を計画したが、正中の変（1324年）、元弘の変（1331年）に失敗。隠岐に流された。のちに脱出し、楠木正成・足利尊氏・新田義貞らの協力を得て1333年に幕府を滅ぼす。翌年、建武の新政を実現したが、尊氏の謀反により2年余で新政府は倒れ、後村上天皇に譲位。吉野で死去した。

えも改めた。そして、土地の保証などのあらゆる決裁は天皇自身の命令書である「綸旨《りんじ》」で行うという綸旨絶対主義をとったのである。

だがこれは、武家社会の慣習を無視していた。武家初の成文法である『御成敗式目《ごせいばいしきもく》』の第8条には「現在の土地の持ち主が、実質的支配を20年以上継続している場合、その土地の所有権は変更できない」とあり、それは武士の間では不変の法とされていたのだ。突然土地の支配の承認を失った武士たちからは当然批判の声が挙がり、所領安堵を求める者が続々と上洛して、京都は大混乱に陥った。

一方、この政策を公家は喜んだかといえばそうではなかった。後醍醐天皇は家格よりも勲功を重視し、勲功のある者には公家、武士に関係なく土地を与えた。さらに、諸国には、朝廷の地方官である国司《こくし》を行政官として、また幕府以来の統治官である守護《しゅご》を警察機構として併置していた。公家にしてみれば、建武の中興は武家勢力を一掃する好機だったはずである。にもかかわらず、それをしようとしない後醍醐

---

**御成敗式目**
1232年に鎌倉幕府3代執権・北条泰時が定めた武家の最初の法律。51か条からなる。源頼朝以来の慣習法・判例などを規範とし、御家人の所領に関する規定、守護・地頭の権利と義務、裁判、武士の道徳などが成文化された。

**国司**
律令制のもとで中央から派遣され、諸国の政務を行った地方官。戸籍の作成、租税徴収、兵士の召集などを職務とした。

**守護**
源頼朝が弟・義経の追捕を目的として勅許を得て、諸国に設置した。有力な御家人を任じ、国内の武

天皇がやはり不満だったのだ。後醍醐天皇の側近であった北畠親房《きたばたけちかふさ》は自著『神皇正統記《じんのうしょうとうき》』のなかで、「積年の弊害を一掃できなかった。それればかりか勲功を鼻にかけた者たちが天皇の政治を堕落させ、皇威はますます軽くなった」と後醍醐天皇の政策を批判している。

こうして建武政権の求心力は急速に低下していったが、なおも後醍醐天皇は自分の絶対的な権威を見せつけようとした。大内裏《だいだいり》の再建を宣言し、諸国の武士たちに負担を課したのである。しかし、武士はおろか公家の不満も高まるなか、これほど負担の大きい土木事業が受け入れられるはずはなかった。戦乱で疲れた庶民にもそっぽを向かれてしまう。

やがて足利尊氏の反乱を招き、建武の新政は瓦解したが、それは当然の帰結だったといえる。建武の新政といえば、暗記の語呂合わせで「一人さみし（1334）い建武の新政」という覚え方があるが、まさに後醍醐天皇の独り相撲だった。

---

士の監督や軍事、警察の任務にあたらせた。

**神皇正統記**
北畠親房が著した史論書。神代から第97代後村上天皇までの事績を記し、南朝の皇統が正統であることを主張した。1339年に成立し、のちに改訂。後村上天皇に献じられた。

## 斎藤道三の美濃の国盗り一代記は親子二代で成し遂げたものだった⁉

油売りの商人から身を起こし、一代で美濃《みの》（現・岐阜県）を〝国盗《くにと》り〟した戦国大名の典型…「美濃の蝮《まむし》」こと斎藤道三《どうさん》のイメージはこういうものだろう。美濃守護の土岐《とき》家の重臣・長井家につけ入って乗っ取り、美濃守護代・斎藤家の名跡を冒し、ついには土岐家の内紛に乗じて主君を追放し美濃国を押領した。古く、蝮は母の腹を食い破って出てくると信じられていたそうだが、主家を内側から崩しとって出世していった道三はまさに蝮のように思われたのだろう。

ところが近年、新たな史料の研究により、美濃の下剋上は斎藤道三の一代記ではなかったことが明らかになってきている。というのは、通説の一部は道三ではなく、彼の父の事績だった。美濃の国盗り物語は父と子、親子二代で達成したものだったのである。

---

**守護代**
任国において守護の職務を代行した者。室町時代、守護は京都や鎌倉に在住するのが原則だったため、その代官として任国に守護代を置いた。

『美濃国諸旧記《みののくにしょきゅうき》』など江戸時代以降に成立した通説においては、道三は明応3年（1494）、山城国乙訓《おとくに》郡西丘の浪人・松波基宗《まつなみもとむね》の子として生まれたとされる。京都の明覚寺《みょうかくじ》で僧侶となった後、還俗《げんぞく》して油売りの商人となった。のちに僧侶時代の同僚だった日運《にちうん》の伝手で、美濃守護代の斎藤家とそれに次ぐ重臣だった長井家の二家に出入りするようになり、特に長井長弘に気に入られた道三は長井家の家臣になることに成功。長井氏家臣の西村氏の家名を継いで、「西村勘九郎《かんくろう》正利《まさとし》」を称したとされる。

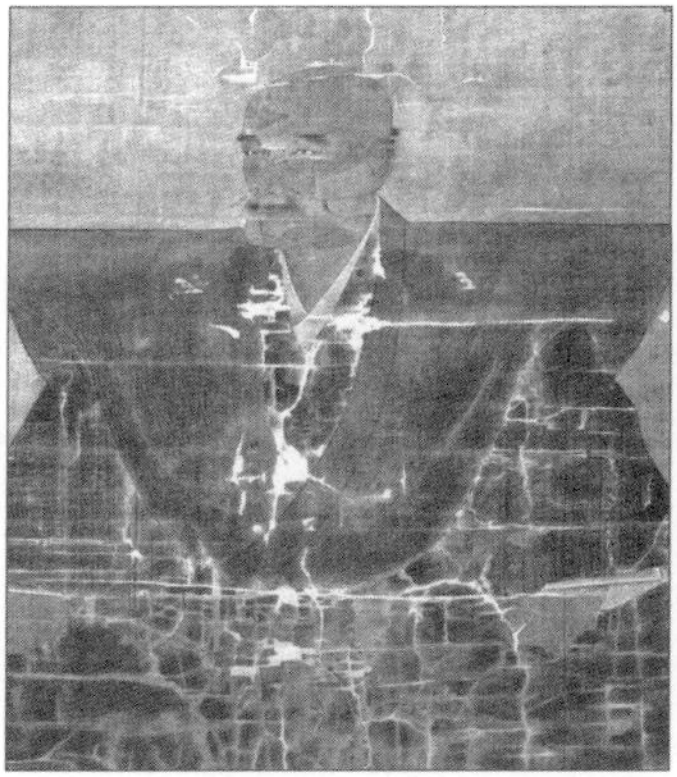
娘婿である信長の器量を見抜いた斎藤道三は、美濃を信長に譲ろうとしたとも伝わる（常在寺蔵）

しかし、この説話には、父の経歴が入り混じっている可能性が高い。『岐阜県史』編纂の過程で近年発見された史料『六角《ろっかく》承禎《じょうてい》条書写』によると、道三の実

**美濃国諸旧記**
寛永末期の成立とされる著者不明の軍記物。平安時代から江戸寛永年間に至る、美濃国の豪族や戦、土地の歴史がまとめられる。土岐氏や斎藤氏の事績についても詳細な記述があり、斎藤道三の国盗りは一代説として記されている。

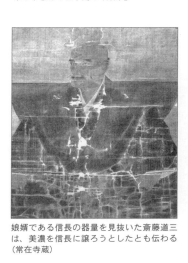

父は西村新左衛門尉《しんざえもんのじょう》だった。京都妙覚寺の僧侶だったが還俗して美濃へ行き、長井家に仕えた。そこで次第に頭角を現した新左衛門尉は一門に加わることを許され、「長井新左衛門尉」を名乗ったのだった。つまり、通説で道三といわれていた人物は彼ではなかった。長井姓を名乗るまでに出世したのは父の新左衛門尉であり、道三の出発地点は美濃守護代の重臣一門の嫡男だったのである。

『六角承禎条書写』は近江守護の六角義賢《よしかた》（承禎）の書状であり、子の六角義治《よしはる》と道三の嫡男・義龍《よしたつ》の娘との縁組を阻止するよう重臣に命じる内容である。日付は永禄3年（1560）7月21日で、道三が死んだ約4年後。書状の送り主である六角義賢は、道三によって美濃を追われた土岐頼芸《よしのり》の妹婿で頼芸の保護者でもあった。ここに書かれた道三の人となりは義賢が頼芸から直に聞き取ったものであり、頼芸の記憶も新しかったはずであるから、史料としての信憑性は『美濃国諸旧記』などよりはるかに高い。

---

**六角義賢（1521〜1598）**
南近江の戦国大名。1557年に剃髪して承禎と号した。観音寺城を居城とし、室町幕府13代将軍・足利義輝を支援。畿内を支配した三好長慶と戦った。のち、織田信長が足利義昭を擁して上洛すると敵対したが、敗れて降伏。

**土岐頼芸（1501〜1582）**
1535年、道三のクーデターで兄・頼武が追われた後、擁立されて美濃守護となる。やがて道三と不和になり、美濃を追われ、近江の六角家に寄宿。その後は織田信長を頼ったとされる。俗説では、道三の子・義龍の実父だという。

長井新左衛門尉の子の「長井規秀《のりひで》」つまり道三が家督を継いだ頃、美濃守護の土岐家は兄の盛頼《もりより》と弟の頼芸が家督争いをしていたが、道三は頼芸に接近してそそのかし、盛頼を攻めさせて頼芸を美濃守護に就かせることに成功する。一方で、恩人であったはずの長井長弘に「叛心あり」と頼芸に讒言して暗殺し、後見人と称して長井家を乗っ取ってしまった。次いで美濃守護代である斎藤家の当主・利良《としなが》が病没すると斎藤家の養子となり、「斎藤山城守《やましろのかみ》利政《としまさ》」を名乗る。そして天文11年（１５４２）、関係が悪化していた頼芸の居城大桑《おおが》城を攻めて頼芸を尾張国に追放し、道三が事実上の美濃国守護となった。

道三が死んだのは、弘治2年（１５５６）4月である。家督を譲るも対立状態にあった嫡男・義龍に攻められたのだった。一説には、国盗りの経緯から旧土岐家家臣団は義龍を支持し、道三に味方しようとする者はほとんどいなかったともいわれる。ちなみに、義龍を生んだのは道三の側室・深芳野《みよしの》で、もとは土岐頼芸の愛妾だった。すでに頼芸の子を身ごもっていたが、道三はそれを承知で迎えたという。しかしこれは『美濃国諸旧記』の記述なので、真偽のほどは定かでない。

## 「鬼平」こと長谷川平蔵宣以が突如出世コースを外れた理由とは？

「鬼平」こと長谷川平蔵宣以《はせがわへいぞうのぶため》は、池波正太郎の小説『鬼平犯科帳』の主人公として有名だが、江戸時代後期に実在していた人物である。

宣以は400石の旗本である長谷川家に生まれ、放埒な青春時代を過ごした。安永元年（1772）、京都町奉行に就いていた父・宣雄《のぶお》を亡くすとその悲しみからか、遊女や情婦、無頼者《ぶらい》と交わるようになり、ゆすりたかりや博打に身を投じ、街の闇の部分を直に体験する。ただし、そのまま身を落とすことはなく、悪友とは手を切って、31歳で江戸城西の丸御書院番士《ごしょいんばん》となり「御番入り《ごばん》」を果たした。西の丸御

**書院番**
若年寄の配下で、江戸城諸門の警衛、諸儀式の世話役、将軍外出時の護衛などを務める役職。1605年の設置時は4組、のち10組が置かれ、各組に番頭、組頭各1名、組衆50名、与力10名、同心20名を置いた。

書院番御徒頭《かちがしら》を経て、41歳の時に父よりも若くして御先手組弓頭《おさきてぐみゆみがしら》になるなど順調に昇進。そして天明７年（１７８７）、宣以が42歳の時に火附盗賊改方《ひつけとうぞくあらためかた》に任ぜられた。

ご存じのとおり、その後「鬼平」は火付盗賊改方として長らく活躍する。だが、この役職はとにかく過酷なものだった。火付盗賊改方は今でいう警察のようなもので犯罪捜査を行うが、見込み捜査や別件逮捕などは日常茶飯事。誤認逮捕した町人を手荒な拷問にかけて吐かせることもあった。配下として雇われていた密偵は元犯罪者が多く、彼らからの情報は必ずしも信用できない。町奉行に比べて予

寛政７年（1795）、長谷川平蔵宣以は火付盗賊改方を辞した３か月後に50歳で死去した。戒行寺には宣以の供養碑がある（東京都新宿区）

**先手組**
若年寄に属し、江戸城諸門の警備、将軍外出時の護衛、火付盗賊改として江戸市中の巡視などを担当した。弓組と鉄砲組とに分かれ、与力・同心で組織された。

算が少なかったこともあり、細かく捜査を重ねるよりも荒っぽい捕物を行っていたのだった。町人たちは火付盗賊改方を恐れ、その評判は芳しいものではなかった。

宣以は放蕩時代に暗黒街とつながりをもったため、その伝手を最大限に利用して職務を全うした。しかしながら、仕事をうまくやりすぎたのかもしれない。火附盗賊改方は激務であることから、2～3年務めたら他の奉行所へと栄転するのが通例だったが、宣以は死去する間際まで8年間も同役を務めている。これは江戸時代を通じても異例のことであった。

宣以が火附盗賊改方に就いていた時、老中が田沼意次《たぬまおきつぐ》から松平定信《まつだいらさだのぶ》に変わっている。清廉な性格の定信は、江戸の闇ネットワークを活用する宣以のやり方を好まず、賄賂政治で失脚した意次の元部下でもあった宣以を軽視したのだろう。と考えると、宣以が出世コースを外れたのは、田沼意次の失脚が最大の原因だったかもしれない。

---

**松平定信（1759～1829）**

8代将軍・徳川吉宗の孫で、白河藩主・松平定邦の養子となり家督を継いだ。1787年に老中首座に就き、田沼意次の後を受けて幕政の建て直しを図り「寛政の改革」を断行。しかし厳しい倹約政策などは反発を招き、老中を解任され、以後は藩政に専念。白河楽翁と名乗り著作を残した。

# 幕臣のエリート部隊・遊撃隊は戊辰戦争をいかに戦い抜いたか

黒船の来航以降、列強の軍事力と外国人を排斥する攘夷運動の高まりに脅威を感じた徳川幕府は、対抗措置として安政3年（1856）に「講武所《こうぶしょ》」を設置する。教授には男谷信友《おたにのぶとも》、榊原鍵吉《さかきばらけんきち》、勝海舟《かつかいしゅう》、伊《い》庭《ば》秀業《ひでなり》、大村益次郎《おおむらますじろう》ら錚々たる面々が名を連ね、旗本の子弟や諸藩士を対象に、剣術、槍術、砲術などを教授した。

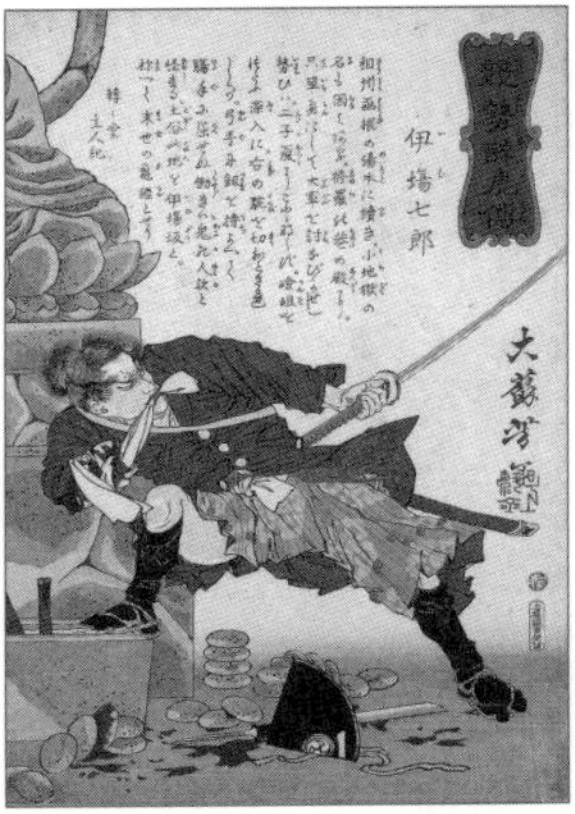

“隻腕の美剣士”として、明治以降に広く喧伝された伊庭八郎（『競勢酔虎伝：伊場七郎』月岡芳年画）

その5年後の文久元年（1861）、講武所に通う者のなかから特に剣術、槍術にすぐれた者を選び、将軍の親衛隊である奥詰《おくづめ》が組織される。こ

---

**榊原鍵吉（1830～1894）**
13歳で男谷精一郎に入門し、直心影流剣術を学んで頭角を現す。1856年に講武所剣術教授方となり、幕府の兵制改革後は遊撃隊頭取を務めた。江戸下谷に道場を開き、維新後は剣術の指南に専念した。

の奥詰を軍政改革によって再編成したのが「遊撃隊《ゆうげきたい》」だった。奥詰に講武所の師範や銃撃隊を加え、総員は３６６名。頭取７名の中には、当時屈指の剣客であった高橋泥舟《でいしゅう》や榊原鍵吉の名があった。遊撃隊はまさに幕臣のエリート部隊として誕生したのだった。

慶応３年（１８６７）に大政奉還が行われ、翌年には旧幕府軍と薩摩・長州軍との間で鳥羽・伏見の戦いが始まった。伏見に布陣した遊撃隊は鎖帷子《くさりかたびら》を着込んで刀を振るい、官軍の銃砲相手に奮戦する。

だが、戊辰戦争において、遊撃隊の統制が取れていたのは鳥羽・伏見の戦いまでだった。その後は、新政府への恭順に徹した徳川慶喜にならう恭順派と、最後まで徹底抗戦を唱える抗戦派に分裂してしまう。抗戦派はさらに、彰義隊《しょうぎたい》と行動を共にする村越三郎率いる部隊と、脱走して榎本武揚《えのもとたけあき》と合流した伊庭八郎《いばはちろう》、人見勝太郎《ひとみかつたろう》らの部隊に分かれた。

のちに「伊庭八郎は真に豪勇、片腕にても一騎当千の由」と称される伊庭を中心とした脱走部隊は、榎本率いる旧幕府海軍と同盟を結ぶ

---

**高橋泥舟**
**（1835～1903）**
槍術の大家で兄の山岡静山について修行し、のちに高橋家を継ぐ。25歳で講武所教授方に就任。鳥羽・伏見の戦い後、徳川慶喜に恭順説を説き、上野寛永寺に慶喜が蟄居すると身辺護衛の任にあたった。山岡鉄舟、勝海舟とともに「幕末の三舟」と称される。

**人見勝太郎**
**（1843～1922）**
京都二条城詰め鉄砲奉行組同心の長男として京都に生まれ、１８６７年に遊撃隊に抜擢。鳥羽・伏見の戦いでは伏見方面で

と箱根戦争を経て、奥羽越列藩《おおうえつれっぱん》同盟に加勢すべく東北地方を転戦、戊辰戦争の最終戦となる箱館戦争までを戦い抜く。箱根戦争における新政府軍との激戦のなか、伊庭は腰を撃たれたところを刀で左手首を斬られ、左腕を失う重傷を負うが、遊撃隊は人見に率いられて蝦夷地《えぞ》（北海道）へ渡った。

明治元年（1868）、蝦夷地での再起を図った旧幕府軍は人見ら遊撃隊を先発隊として上陸し、箱館府兵を破って五稜郭《ごりょうかく》へ入城。続いて松前を占領し、蝦夷地を平定した。その直後には、治療のため横浜に潜伏していた伊庭も再び合流している。

しかし翌年、新政府軍が反抗を開始し、箱館を目指して進撃すると旧幕府軍の劣勢は明らかだった。松前を守備していた遊撃隊も、新政府軍の海からの艦砲射撃とそれに続く陸戦により、木古内《きこない》までの退却を余儀なくされる。その木古内戦を指揮中、伊庭は胸部に銃弾を受けて再び倒れた。箱館に運ばれたが銃弾の摘出さえできず、そのまま五

---

戦い、江戸撤退後は徹底抗戦を主張した。榎本武揚を総裁とする蝦夷共和国政府が成立すると松前奉行。維新後は司法省に出仕し、内務省を経て茨城県令に任じられた。

稜郭内で没している。享年26。最期は服毒による安楽死だったという。

一方、人見は頬に銃弾を受けるも致命傷とはならず、明治2年（1869）5月18日、遊撃隊は降伏した。生き残った隊士は謹慎処分となるが、その数はわずか27名に過ぎなかったという。元々剣客集団だった遊撃隊は、銃砲も用いはしたが、最終的には前線に躍り出て刀を切り結ぼうとする戦法をとった。そのため、負傷者や戦死者が常に絶えなかったのである。

## 日米修好通商条約を締結したハリスは晩年をどう過ごした？

江戸幕府と日米修好通商条約を締結したアメリカの辣腕外交官、タウンゼント・ハリスは、貿易商上がりのタフ・ネゴシエーターとして知られる。その一方、敬虔なクリスチャンの顔も持っていた。聖公会《せいこうかい》信徒として生涯独身と童貞を貫いた逸話は、その人物を語る上でよく引き合いに出されるところだ。

陶磁器輸入業を営む貧しい家庭に生まれたハリスは、フランス語、イタリア語、スペイン語を独学で習得した。はじめは教育活動に身を捧げ、ニューヨーク市の教育局長に着任したが、家業の経営が悪化した事情もあり、やがて貿易商に転身。貨物船の権利を得て太平洋の各地を航行していたこの頃から、東洋に関心を持ち、外交官を志すようになる。清国・上海に滞在中、ペリーの東インド艦隊が同地に寄港すると、ハリスは日本へ向かうペリー艦隊に同乗を志願したがこれは果たされなかった。

アメリカに帰国後も絶えず日本に関心を抱き続けていた、初代駐日公使ハリス

1854年、日米和親条約が締結され、伊豆下田に領事館が置かれることを知ると、政界人

**日米修好通商条約**
日米和親条約で開国に踏み切った江戸幕府が、1858年にアメリカ総領事ハリスとの間に調印した通商条約。下田・箱館のほか新たに神奈川・長崎・新潟・兵庫の開港、公使の交換、外国人居留地の設定、自由貿易の原則などを定めたが、領事裁判権を承認し、関税自主権の否定を含むなど、日本側に不利な不平等条約であった。その後、オランダ、ロシア、イギリス、フランスとの間にも、同じような通商条約が結ばれた。

の縁故を使ってピアース大統領に直談判し、ハリスは初代駐日領事に任命される。安政3年（1856）7月21日、下田に入港し、アメリカ領事館を開いた。

幕閣が開国論と攘夷論に割れるなか、安政4年（1857）12月、江戸城で時の将軍・徳川家茂《いえもち》に謁見を果たす。その後、日米通商条約締結の交渉を開始したハリスは、14回にも及んだとされる粘り強い交渉の末、ついに翌年の6月19日、ポーハタン号の艦上で一日米修好通商条約」に調印した。

江戸善福寺《ぜんぷくじ》に公使館を置いたハリスは、初代駐日公使として江戸に居住。約3年にわたって日本に滞在し、外交問題が起こるたびに幕府から相談されるほどの信頼を勝ち取った。ハリスが帰国を願い出た際、将軍・家茂は刀を贈り、大統領に宛てた親書のなかでハリスの功績と人格を称えた。また幕閣は、彼の再任を要請する書簡をアメリカ国務長官に送ったという。

---

**徳川家茂**
**（1846～1866）**
紀州藩主・徳川斉順の長男。将軍継嗣問題で大老・井伊直弼に推され、14代将軍となる。桜田門外の変で直弼の死後、皇女・和宮（かずのみや）と結婚し、公武合体を進めた。1866年の第二次長州征伐の最中、大坂城で病死。

文久２年（１８６２）、病気を理由に公使を辞したハリスは同年４月に帰国した。ただ、本国は南北戦争真っ只中というご時世もあり、とりたてて歓迎ムードはなかった。

帰国してからはニューヨークで静かな日々を過ごしていたが、１８６７年、アメリカ議会はハリスの業績を称え、日本における生活の自己負担分一切を国家補償にした。それからの彼は、公職に就くこともなく、アメリカ政財界人のユニオン・クラブの会員に迎えられるなど、悠々自適な暮らしを送った。

１８７１年、岩倉使節団の随員の一人だった福地《ふくち》源一郎《げんいちろう》がニューヨークで面会すると、「私は一方でアメリカの利益を図り、また一方で日本の利益を損なわないよう努力した」と語ったとされる。

その後１８７８年、ハリスはニューヨークの下宿で死去した。死因は肺出血、73歳だった。

**岩倉使節団**
１８７１〜１８７３年、岩倉具視を特命全権大使とする欧米視察団。条約改正の準備を目的に、アメリカ、ヨーロッパ各国を歴訪した。大久保利通、木戸孝允、伊藤博文ら明治政府高官、団琢磨、津田梅子ら留学生を含む107名が随行。政府首脳は進んだ海外情勢を見せつけられ、富国強兵を痛感することになった。

## 「自由は死すとも…」ではなかった！板垣退助の「本当の言葉」とその後

自由民権運動《じゆうみんけん》の指導者と知られ、のちに大隈重信《おおくましげのぶ》とともに日本最初の政党内閣を組織した板垣退助《いたがきたいすけ》。

板垣といえば、明治14年（1881）に遊説先の岐阜県で暴漢に襲われた際、「板垣死すとも自由は死せず」と叫んだ逸話が有名だ。この言葉は自由民権運動を象徴する名ゼリフとして歴史の教科書にも載せられている。そのため、板垣はこのセリフを発した後に息絶えたと誤解している人も多いかもしれない。

だが、板垣はそれほどヤワな人物ではなかった。土佐藩士だった板垣は戊辰戦争では「迅衝隊《じんしょうたい》」を率い、甲州勝沼で甲陽鎮撫隊《こうようちんぶたい》を撃破し、その後奥州各地で旧幕府軍と交戦した強者である。

暴漢の襲撃によって、左胸と右胸に1か所ずつ、両手に2か所ずつ、

---

**自由民権運動**

明治初期、藩閥専制政治に反対し、国民の自由と権利を要求した政治運動。国会開設、憲法制定、地租軽減、地方自治、不平等条約撤廃という5大要求を掲げた。運動は全国に広がり、1881年に板垣退助を党首とした自由党が、翌年に大隈重信を党首とした立憲改進党が組織された。しかし、明治政府による徹底的な弾圧と運動内部の対立により、やがて衰退した。

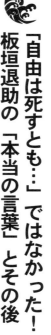

さらに左頬に傷を負ったが、命に別状はなかった。事件の後も板垣は40年以上生きており、大正8年（1919）に亡くなるまで82歳の長寿を保った。

また、「板垣死すとも…」と発したとされる状況にも諸説がある。板垣を襲ったのは小学校教員の相原某といった。彼が刃渡り9寸（約27センチ）の短刀を振りかざした時、板垣は驚くばかりで声も出なかったという。だが、柔術の心得があった板垣は無抵抗ではなく、左胸を刺されながら肘で相手の腹部に当て身をしてひるませている。そして、再び襲いかかってきた相手の手を板垣が押さえつけると、もみ合いに気づいた板垣の秘書らによって犯人は取り押さえられた。

明治６年に新政府から下野した後、自由民権運動の先頭に立った板垣退助（国立国会図書館蔵）

当時、岐阜県御嵩《みたけ》警察署御用《ごよう》掛《がかり》であった岡本都嶼吉が警察署

---

**迅衝隊**
戊辰戦争における土佐藩の武力部隊。総員６００名。初代総督は土佐藩家老の深尾丹波だが、１８６８年から解散までは板垣退助が総督を務め、「錦の御旗」のもと官軍として各地を転戦。甲州勝沼で甲陽鎮撫隊を破り、会津若松城を攻略して落城させた。

長に提出した『探偵上申書』によれば、刺された板垣は「吾《われ》死すると も自由は死せん」といったとされる。また、東京日日新聞では、大量の出血を見てパニックを起こした周囲に対し、それを慮った板垣が「諸君嘆ずるなかれ、板垣退助死するとも日本の自由は滅せざるなり」と述べたと報道された。これらの言葉が年を追って変化し、やがて現在に伝わる名句になったと考えられる。他方、「板垣死すとも…」とは板垣の秘書だった内藤魯一《ろいち》の言であり、内藤はこれを板垣がいったことにして、自由党のプロパガンダに利用したとの見方もある。

　自由民権運動のなかで、板垣は国会の開設、憲法の制定などの要求を掲げたが、大日本帝国憲法が発布されたのは明治22年（１８８９）2月11日、第一回帝国議会が開かれたのは翌年11月29日のことだった。板垣を襲撃した相原は、裁判で無期懲役の判決を受けていたが、大日本帝国憲法発布の恩赦で釈放されている。

---

**大日本帝国憲法**
１８８９年2月11日発布、翌年11月29日施行。君主権の強いプロイセン憲法を手本にして伊藤博文らが草案をつくり、枢密院で検討後、欽定憲法として発布された。７章76条からなり、天皇主権、統帥権の独立などを特色とした。

**帝国議会**
大日本帝国憲法に基づいて、１８９０年に設置された立法機関。衆議院と貴族院の二院制からなった。最終的な立法権は天皇にあったため、権限は制限されていた。

## 織田信長は本能寺の変の前にすでに「天下布武」を達成していた⁉

「天下布武《てんかふぶ》」とは、織田信長が掲げた天下獲りのグランドビジョンである。「天下に武を布《し》く」と読めることから、一般には武力をもって天下を支配しようとする、あるいは天皇でも公家でも寺社勢力でもなく武家勢力が戦国の世を統一せんとする意思表示と見られることが多い。出典は古代中国の思想「七徳《しちとく》の武（『春秋左氏伝《しゅんじゅうさしでん》』）」から採ったとする説が有力だ。

信長が「天下布武」の印判を用い始めたことが史料上確認できるのは、永禄10年（1567）の11月頃からだ。稲葉山城攻略で美濃の斎藤家を滅ぼした後である。同じ時期、信長はもう1つの重要な意思表示を行っている。それまで井ノ口と呼ばれていた同地を「岐阜」と改名したのだ。岐阜という地名は、古代中国、周《しゅう》王朝の武王《ぶおう》が岐山《きざん》の麓から興って殷《いん》を滅ぼした故事に由来している。殷の紂王《ちゅうおう》は中国史上でも指折りの悪王だ。信長は自らを武王に比して戦国の世を統一しようと考えたのかもしれない。

さて、そんな信長の元に流浪の貴人が訪れたのは永禄11年（1568）のことだった。のちの室町幕府15代将軍・足利義昭《よしあき》（当時は義秋）である。義昭はもともと将軍位に就く運命ではなかった。生まれは天文6年（1537）。父は12代将軍・義晴《よしはる》だったが、次男だったため少年時代に僧籍に入れられている。当時の足利将軍家では、嗣子《しし》以外の男子を仏門に入れるのが慣わしだったのだ。

だが永禄8年（1565）に、「永禄《えいろく》の変」が起こると運命が急変する。兄である13代将軍・義輝《よしてる》が京都二条御所で、三好三人衆《みよしさんにんしゅう》らによって暗殺されたのだ。この時、義昭も捕縛されて興福寺《こうふくじ》に幽閉されたが、義輝の側近らに救出されている。その後は、越前一乗谷《いちじょうだに》の朝倉氏を頼るなど流浪を重ねていたが、永禄11年（1568）から信長を頼っ

---

**永禄の変**
三好三人衆と三好義継、松永久通らの軍勢が、京都二条御所を襲撃し、室町幕府13代将軍・足利義輝を殺害した事件。義輝は自ら刀を振るって奮戦したと伝わる。

**三好三人衆**
畿内に割拠した戦国大名・三好長慶の家臣であった、三好長逸（ながゆき）、岩成友通（いわなりともみち）、三好政康の三人をいう。長慶の没後、松永久秀とともに専横を振るったが、のちに久秀と絶縁し、交戦。戦火は畿内全域に及んだ。

たことで運命が開けた。信長は義昭を擁して上洛すると、将軍・義栄《よしひで》を傀儡《かいらい》にして畿内を支配していた三好三人衆と松永久秀《まつながひさひで》を破り、義昭を15代将軍職に就けたのである。

畿内の支配権は信長に移り、信長は将軍・義昭の後見人となった。そしてここに至って、信長が構想していた天下獲りが達成されたとの見方もある。

従来、信長の「天下布武」は全国制覇と同意義に捉える向きが強かったが、近年の研究では、信長の頭の中にあった天下とは山城《やましろ》・大和《やまと》・川内《かわち》・和泉《いずみ》・摂津《せっつ》のいわゆる五畿内を指すとする説が主

JR岐阜駅前広場に建つ黄金の織田信長像。マントを羽織り、右手には火縄銃を、左手には西洋兜を持っている（岐阜県岐阜市）

**松永久秀（1510～1577）**
官位を合わせた松永弾正の名で知られる。三好長慶の家臣として台頭し、信貴山城、多聞城などを築いて大和を支配した。長慶の死後にその勢力を奪い、三好三人衆と対立。織田信長の入京に際して降伏したが、のちに背き、攻められると信長が欲しがった茶器「平蜘蛛釜」を砕いて自害した。

流になっているからだ。例えば、永禄9年（1566）に越後の上杉謙信が書いた願文に「武田春信退治、氏康輝虎真実に無事をとげ、分国留守中気づかいなく天下え上洛せしめ（武田信玄を退治し、北条氏康と和平を実現できれば、分国の留守を気にすることなく「天下」へ上洛できる）」との一説が見える。ここでの「天下」は全国ではなく、「京都」の意味で使われており、当時の認識では、天下とは京都を中心とする畿内を指したと考えられるのである。

この説にのっとるなら、将軍・足利義昭を擁して上洛を果たした永禄11年までに、信長はすでに天下布武を達成していたといえる。

だが2人の蜜月は長くは続かなかった。信長によって行動に制限を課されることに不満を覚えた義昭は諸大名に御内書を発し、いわゆる「信長包囲網」を形成していく。これに対して信長は義昭を批判する意見書を送るなど両者の関係は抜き差しのならないものになり、この状態は信長が義昭を京都から追放するまで続くことになる。

---

**信長包囲網**
織田信長に敵対する勢力が結集して形成した、反織田信長連合の俗称。1571から1573年にかけて義昭が企図した包囲網は、近江の浅井家、越前の朝倉家、阿波の三好家という周辺の諸大名に加え、宗教勢力である石山本願寺、東国の甲斐・武田信玄とも連携した強大なものだった。1573年5月に信玄が病死したことで瓦解。

# 第4章

歴史に消えた
# 名家・名門の「子孫」たち

## 本能寺の変で信長が横死した後、織田家の子息たちはどうなった？

天正10年（1582）6月2日、天下統一を目前にした織田信長が、明智光秀《あけちみつひで》の謀叛によりあっけなく命を落としてしまう。「本能寺の変《ほんのうじのへん》」である。わずかな供しか引き連れずに入京したことは、信長の最後にして最大の失策だったといえるだろう。

信長の死は痛恨だが、同じく在京中だった嫡男・信忠《のぶただ》までもが討死にしたことは織田家のその後の命運を大きく変えた。父には及ばないものの武田家を滅ぼす戦で総大将を務めるなど、器量、実績ともに十分だった信忠はこの時織田家の家督を継ぎ、後継者となることが決まっていた。「信忠が生きていれば…」は歴史でよくいわれるifだが、のちに天下人となった羽柴秀吉もさすがに信忠に反逆することはできなかったはずだから、信忠の死も歴史の大きな転換点となったことは

**織田信忠（1557～1582）**
織田信長の長男。父に従い諸戦で戦功を挙げ、信長が安土城に移った後は、美濃岐阜城主となる。1582年には甲斐の武田勝頼を滅ぼした。本能寺の変に際し、二条御所で明智軍と戦い自刃。

羽柴秀吉が三法師を抱いて現れた、清洲会議の一場面（『大徳寺ノ焼香ニ秀吉諸将ヲ挫ク』歌川国政画）

確かといえよう。

本能寺の変後、信長の後継者の地位を争ったのは次男・信雄《のぶかつ》と三男・信孝《のぶたか》だった。信雄は家中から無能と目され、失態を犯しても「三介《さんすけ》殿（信雄）のなさること」で片づけられてしまうほど。信孝は長兄ほどの活躍はないが次兄のような失策もない無難な人物だった。

いずれにせよ、この2人は秀吉に対抗できる器ではなかった。秀吉が擁立した信忠の嫡男・三《さん》法師《ほうし》（秀信《ひでのぶ》）が清洲《きよす》会議を経て、

---

**織田信雄（1558～1630）**
信長の次男。幼名は茶筅（ちゃせん）丸、のち三介。清洲会議後は三法師の後見役となり尾張などに100万石を領した。のちに豊臣秀吉と対立、転封命令を拒み領地没収となった。

**織田信孝（1558～1583）**
信長の三男。10歳の時、信長が平定した北伊勢の神戸（かんべ）家に養子入りし、神戸信孝ともいわれる。畿内平定で実績を積み、1582年の四国攻めでは総大将。本能寺の変に遭遇すると、軍を返して秀吉とともに明智光秀を破った。

家督を相続すると、信孝は柴田勝家《しばたかついえ》と手を結んで秀吉に反旗を翻し賤ヶ岳《しずがたけ》で戦う。しかし、勝家は敗死し、のちに信孝も自害。秀吉に従った信雄は一時は厚遇されたが、天正18年（1590）の小田原征伐後、東海地方の徳川家康領への転封を拒否したとの理由で失脚する。

織田家を継いだ秀信は、中納言に昇進するなど家格こそ高かったが、岐阜城主とされ石高は13万石に過ぎなかった。そして、関ヶ原の戦いでは西軍に属したため、戦後は家康によって改易されてしまう。

江戸時代に入ると、信長の血筋で表舞台に名が出るのは意外にも信雄だった。信雄は、慶長5年（1600）の関ヶ原の合戦前に下野国にいた家康に石田三成挙兵の事実を密告したといわれ、慶長20年（1615）の大坂夏の陣では家康に内通し、大坂方の間者の役割を果たした。これらの功によって、改元後の元和元年（1615）に大和・上野など5万石を与えられたのである。

信雄はのちに四男・信良《のぶよし》に上野小幡《おばた》藩2万石を分知し、自らは京都

---

**賤ヶ岳の戦い**
信長の後継問題で対立し、織田家の勢力を二分した秀吉と柴田勝家の戦い。秀吉は信長の二男・信雄を擁し、勝家は信長の三男・信孝や滝川一益と結んだ。1583年4月、近江賤ヶ岳付近で対峙したが、勝家は敗れて越前北ノ庄に撤退。秀吉軍に攻められ自害した。兄・信雄の命により、信孝も自刃。秀吉が事実上、織田家を掌握した。

**織田秀信（1580〜1605）**
信忠の長男で、信長の孫。幼名は三法師。清洲会議で秀吉に擁され、わずか3歳で織田家の継嗣に決められた。織田信雄を後

で悠々自適の隠居生活を送った。73歳で没すると、大和宇陀《うだ》の領地は五男・高長《たかなが》が相続した。その後、信良は出羽天童藩、高長は丹波柏原藩に転封となるが、この2藩は江戸時代を通して存続していく。信長の息子たちのなかで江戸時代を大名として生き抜いたのは、凡庸といわれた信雄の系統だけであった。

大名ではないが、ほかに信長の息子では七男の信高《のぶたか》、九男の信貞《のぶさだ》が幕府の旗本として存続している。儀式や式典を司る高《こう》家《け》という役職で、格式の高い家柄だけが就くことができた。織田家のほかには、今川家、上杉家、武田家のなどの名門が高家旗本に列している。

織田信長の次男・信雄。清洲会議で後継者に推されることはなかったが、江戸時代以降も小大名として織田家の命脈を保った（総見寺蔵）

見として安土城に入る。その後岐阜に移り、秀吉から一字を与えられて秀信と名乗った。関ヶ原の戦いでは西軍に与し、敗れて高野山に入った。

# 真田幸村と真田信之、二つの真田家はどちらも明治まで生き抜いていた！

大坂夏の陣で徳川家康をあと一歩のところまで追い詰め、後世に「日本一の兵《つわもの》」の勇名を轟かせた真田信繁《さなだのぶしげ》（幸村《ゆきむら》）。

慶長20年（1615）5月7日、茶臼山《ちゃうすやま》の戦いで信繁は家康の本陣を3度にわたって急襲した。真田勢の激しい突撃に家康は3里（約12キロ）敗走し、自ら死を覚悟したほどだった。だが、度重なる攻撃で真田勢の兵馬は消耗し、次第に押し返されていった。そして、体力を使い果たした信繁は四天王寺近くの安居《やすい》神社の境内で体を休めていたが、松平忠直隊の西尾宗次《むねつぐ》に発見され、その首を討たれた。この時信繁は「儂の首を手柄にされよ」と首を差し出したとも、槍を交えて最期まで戦ったともいわれる。

信繁の嫡男である幸昌《ゆきまさ》（大助《だいすけ》）は5月8日、大坂城から火が上がる

**大坂の陣**

徳川家康が豊臣家を滅ぼした戦いで、1614年冬の戦いを冬の陣、翌年夏に再開された戦いを夏の陣という。冬の陣の講和で、家康は大坂城の堀などを埋めた。続く夏の戦いで、防塁と堀を失った豊臣方は敗れ、大坂城は落城。豊臣秀頼は母・淀君とともに自害した。

と、豊臣秀頼に殉じて自害したが、信繁の子どもたちの多くは仙台藩に逃れた。保護したのは、伊達政宗の重臣である片倉重長《かたくらしげなが》である。信繁は合戦前夜、重長に遺児たちの保護を頼み、これを承諾した重長は自らの居城である白石《しろいし》城（現・宮城県白石市）に、三女・阿梅《おうめ》や六女・阿昌蒲《おしょうぶ》、次男・大八《だいはち》ら信繁の子どもたちを匿ったのだった。

三女の阿梅ははじめ片倉家の侍女として仕えたが、28歳の時に重長の後室となった。二人の間に子はなかったが、重長の外孫・景長《かげなが》を養子にして育てている。また、三男の大八は名を「片倉守《もり》信《のぶ》」に改め、３００石で仙台藩に召し抱えられた。そして守信の子・辰信《たつのぶ》の代で真田姓に復し、仙台真田家を興している。以後、辰信の家系は江

大坂夏の陣において家康を追い詰め、「真田日本一」と称賛された真田信繁（上田市博物館蔵）

**片倉重長（1584〜165）**
仙台藩伊達家家臣。白石城城主。「片倉小十郎」の通称で知られる片倉景綱の子で、重長もまた小十郎を称した。大坂の陣には、病床にあった景綱に代わりに出陣し、道明寺の戦いにおいて伊達軍の先鋒を務めた。

戸時代を通して真田姓を保ち、仙台藩士として務め続けたのだった。
なお、「犬伏《いぬぶし》の別れ」で信繁と袂を分かち、家康側に属した兄の真田信之《のぶゆき》は、徳川家の家臣として真田家を存続させた。元和8年（1622）に信濃上田から信濃松代へ加増転封されると、明暦2年（1656）、信之は家督を次男の信政《のぶまさ》に譲って隠居した。その後、信政が急死し、信政の六男・幸道《ゆきみち》と信政の兄（信之の嫡男・信吉《のぶよし》）の次男・信利《のぶとし》の間で後継者争いが起こるが、幕府の裁定で幸道の相続が認められる。対立の収束を見届けた信之は万治元年（1658）、93歳で大往生を遂げた。
ただ、松代の真田本家は6代藩主・幸弘《ゆきひろ》を最後に男系の血筋が絶えたため、その後は井伊家や松平家から養子を迎えて家系を維持している。最後の藩主は伊予宇和島藩から迎えた伊達宗城《むねなり》の長男・幸民《ゆきもと》で、明治維新後の華族令発布で子爵、のちに伯爵に叙された。

---

**犬伏の別れ**
関ヶ原の戦いを目前に、下野国犬伏（現・栃木県佐野市）で行われた真田父子の決別をいう。真田真幸と長男・信之、次男・信繁が三人で密談。関ヶ原の戦いで東西どちらが勝っても真田家が残るよう、信之が東軍、昌幸と信繁が西軍に分かれることを決断したとされる。

**伊達宗城（1818〜1892）**
幕末の伊予宇和島藩主。藩政では富国強兵策を展開、幕政参与として公武合体を推進し、「幕末の四賢侯」の一人に数えられた。維新後は民部卿兼大蔵卿に就任。欽差全権大臣として、清国と対等条約を調印した。

## 蘇我入鹿が誅殺された後も朝廷の中枢で繁栄していた蘇我氏

皇極4年（645）6月、中大兄皇子《なかのおおえのおうじ》や中臣鎌足《なかとみのかまたり》は蘇我入鹿《そがのいるか》を斬殺し、翌日には蘇我蝦夷《えみし》を追い詰めて誅殺。この「乙巳《いっし》の変」によって蘇我氏本宗家は滅亡した。専横を極めた蘇我氏を討った中大兄皇子は、天皇中心の政治へと舵を切り直し、彼が行った一連の諸改革は「大化の改新」として知られる。

だが、天皇家にとって代わろうとし、厩戸皇子《うまやどのおうじ》（聖徳太子）の子である山背大兄王《やましろのおおえのおう》を自害に追い込むなどの蘇我氏の数々の悪行は『日本書紀』に描かれたものである。『日本書紀』は養老4年（720）に完成したが、この時代は藤原不比等《ふひと》が実権を握っていた。そして、不比等は蘇我氏を滅ぼした張本人の一人、中臣鎌足の息子なのである。

それゆえ、蘇我氏の悪人のイメージは、自らを正当化したい藤原氏に

---

**蘇我氏本宗家**
蘇我氏の実質的な始祖である、蘇我稲目（いなめ）の嫡流をいう。稲目の死後は馬子、その後は蝦夷、入鹿と続いた。天皇家と縁戚を結び、倭王権最大の実力者として君臨した。

よって造作されたもので、実は蘇我入鹿こそが数々の改革を推し進めた優秀な指導者だったとの見方もある。

さて、一般的には、乙巳の変によって蘇我氏は滅亡したと思われがちだが、この時滅んだのは本宗家（嫡流）である。庶流は命脈を保っており、馬子の子である倉麻呂《くらまろ》を祖とする蘇我倉氏は、乙巳の変に加担した蘇我倉山田石川麻呂《くらやまだのいしかわまろ》らを輩出した。石川麻呂は新政府で右大臣に就任し、娘の遠智娘《おちのいらつめ》と姪娘《めいのいらつめ》を中大兄皇子の后にしている。

また、石川麻呂には日向《ひむか》、連子《むらじこ》、赤兄《あかえ》、果安《はたやす》ら弟がいたが、その後特に連子の系統は繁栄した。連子自身は天智天皇の時代に大臣になり、子の安麻呂は少納言に就いて「石川朝臣《あそん》」の姓氏を賜っている。安麻呂の娘・娼子《しょうし》は藤原不比等の正妻になり、息子の石川石足《いしたり》は権参議となってその子孫も議政官として活躍した。

嫡流こそ途絶えてしまった蘇我氏だが、庶流の石川氏が朝廷で貴族の地位を保っていたのだった。その石川氏も8世紀後半の真守《まもり》の代以

---

**藤原不比等（659～720）**

父・藤原鎌足を継ぎ、708年に正二位右大臣。律令制度の確立に努め、大宝律令制定に参加し、平城京遷都を推進した。娘の宮子は文武天皇の妃、光明子は聖武天皇の皇后となり、天皇家との関係を深め、藤原氏繁栄の基礎を確立した。

降は衰退したが、不比等の妻となった娼子が３人の男子を生んだため、蘇我氏の血統は藤原氏を通して現在まで伝わっている。

## 朝廷に祟りをなした菅原道真、その家系は学者として続いた

「学問の神様」として著名な菅原道真《すがわらのみちざね》は、代々続く学者の家に生まれ、わずか5歳にして和歌を詠み、11歳にして漢詩を嗜むなど、幼い頃より天才の名をほしいままにしていた神童だったという。

貞観16年（874）に30歳で従五位下に叙されて出世の緒につき、民部少輔《みんぶしょうゆう》、式部《しきぶ》少輔、世職であった文章博士《もんじょうはかせ》などを歴任。仁和2年（886）に讃岐守《さぬきのかみ》に任命されて4年間ほど都を離れたが、帰京すると宇多天皇の信任を受けて急速に出世し、49歳で参議《さんぎ》となった。この抜擢の背景には宇多天皇と対立していた藤原氏への牽制があったが、

**参議**
朝廷の最高機関である太政官に置かれ、左・右大臣、大・中納言に次ぐ要職。朝儀に参加でき、大臣と国政を議するのが職務である。位階四位以上の者が任ぜられ、定員が8名だったことから八座と呼ばれた。

道真は国政の中枢を担い、当時混乱していた唐の情勢を見極めて遣唐使《けんとうし》を停止するなどの業績を残した。

しかし寛平9年（897）、宇多天皇が醍醐天皇に譲位すると藤原氏が盛り返して反抗し、藤原時平《ときひら》の「道真が私利私欲を図り、醍醐天皇を退けようと画策した」との讒言によって道真は大宰権帥《だざいのごんのそち》に左遷されてしまう。罪人として失意の日々を送った道真はその2年後、ついに京に戻ることなく59歳で死去し、大宰府の地に葬られた。

ところが彼の死後、京で異変が次々と起こる…。

道真の死からほどない延喜8年（908）、道真配流に与した藤原菅根《すがね》が落雷で突然死したのを皮切りに、首謀者である藤原時平が39歳の若さで病死、道真の後任の右大臣・源光《みなもとのひかる》も事故死した。さらに、醍醐天皇の皇子・保明《やすあきら》親王（時平の甥にあたる）と、その息子で皇太孫となった慶頼《よしより》王（時平の外孫）が相次いで病死する。

そして都には洪水、大火、大風、渇水、水疱瘡《みずぼうそう》の大流行といった天

---

**藤原時平（871〜909）**
藤原基経の長男。参議を経て、899年に左大臣となり、右大臣・菅原道真を大宰権帥に左遷して藤原氏政権を確保した。荘園整理令をはじめ律令制を強化するための諸法令を発し、醍醐天皇の「延喜の治」を推進。

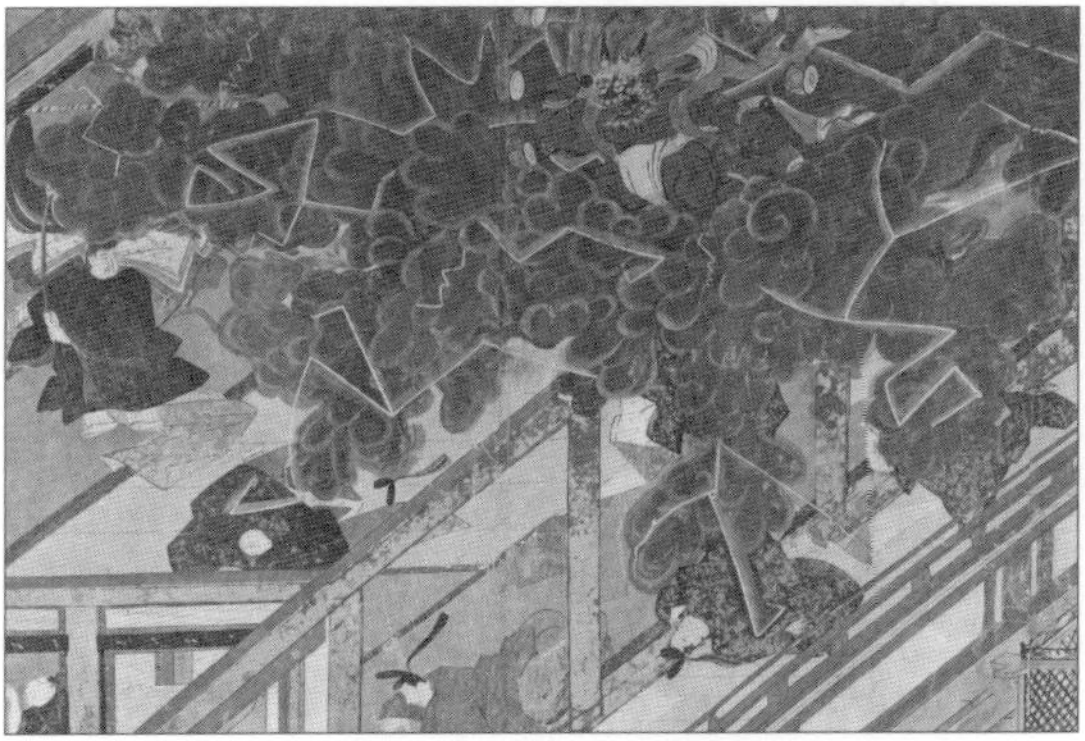
雷神となった菅原道真の怨霊が清涼殿の藤原時平を襲う図（『北野天神縁起』より）

変地異が相次いだ。延長8年（930）には、朝議中の清涼殿に雷が落ち、道真左遷に関与したとされる大納言・藤原清貫《きよつら》をはじめ、朝廷の要人に多くの死傷者を出す。落雷にショックを受けた醍醐天皇は病に倒れ、3か月後に亡くなっている。

朝廷はこれらを道真の祟りと考え震え上がった。そこで、道真の罪を赦して贈位を行うとともに、その霊を鎮めるために京の北野の地に社殿を造営したのだった。これが北野天満宮《きたのてんまんぐう》である。また、道真の墓所には安楽《あんらく》寺天満宮（のちの太宰府天満宮）が建てられ、ようやく都は

**大宰府**
九州諸国の行政、軍事、外交を扱う朝廷の出先機関。7世紀に筑前国筑紫郡（現・福岡県太宰府市）に設置された。九州・壱岐・対馬などを管轄し、外敵を防ぎ、中国や朝鮮諸国との外交を司った。長官の帥（そち）以下、四等官が置かれた。長官代理の権帥は、中央で失脚した高官の左遷ポストとされた。

平静を取り戻した。

道真には23人、もしくはそれ以上の子女がいたが、長男の高視《たかみ》が菅原氏を継いだとされる。父に連座して土佐介《とさのすけ》に左遷されたが、延喜6年（906）に大学寮の長官である大学頭に復帰した。その後、高視は38歳の若さで病死するが、その息子である雅規《まさのり》は文章博士に就いている。雅規の孫には菅原孝標《たかすえ》があり、その娘は日記文学『更級日記《さらしなにっき》』の著者として知られる菅原孝標女《たかすえのむすめ》である。

執政家としての道は絶たれた菅原氏だったが、道真の学才はその後も脈々と受け継がれていったのだった。

## 源平合戦で滅ぼされたはずの平氏に生き残りがいた！

朝廷・公家を牛耳り、史上初の武家政権を樹立した平清盛《たいらのきよもり》は、桓

**更級日記**
菅原孝標女の自伝的日記。13歳の秋に父の任国・上総から帰京する旅に始まり、51歳で夫の橘俊通と死別する頃までの約40年間を回想的に綴る。平安時代中期における、下級貴族の娘の生活記録としても貴重な史料。

武平氏の主流で伊勢国を根拠地にした伊勢平氏の流れを汲んでいる。保元《ほうげん》・平治《へいじ》の乱を経て源氏勢力を一掃した清盛は従一位太政大臣《だじょうだいじん》となり、官職を一門が独占。平氏一門は栄華を極めるが、治承5年（1181）、頂点にあった平清盛が病没すると弱体化し、源氏の巻き返しを許してしまう。以後、一ノ谷《いちのたに》の戦いから屋島《やしま》の戦いを経て、壇ノ浦《だんのうら》の戦いへと続く「源平合戦」が繰り広げられた。清盛の後継者になった三男・宗盛《むねもり》は都を落ち西国へと逃れるも、源《みなもとの》頼朝《よりとも》・義経《よしつね》らに追い詰められると最後は壇ノ浦で敗れ、宗盛とともに平氏一門は滅亡する。

だが、一門にはその後も都で生き残っていた人

平氏政権樹立後、太政大臣を辞任して出家した清盛だったが、中央政界への影響力は引き続き行使した（平清盛像／広島県廿日市市）

**伊勢平氏**

平氏には桓武天皇から出た桓武平氏、仁明天皇から出た仁明平氏、文徳天皇から出た文徳平氏、光孝天皇から出た光孝平氏の4つの系統がある。このうち、繁栄したのは桓武平氏で、その桓武平氏は高棟流と高望流の大きく2つの流れに分けられる。高望流は武家平氏として関東地方に勢力を広げ板東平氏と呼ばれたが、源氏の一族が鎌倉を中心に勢力を拡大すると伊勢国に根拠地を移す系統があった。この系統が伊勢平氏であり、ここから平清盛が登場する。

物がいた。平頼盛《よりもり》である。

頼盛は平忠盛《ただもり》の五男で、母は忠盛の正室である藤原宗子《そうし》（のちの池《いけの》禅尼《ぜんに》）。清盛とは異母弟の関係にあたる。頼盛が若年だったこともあり、父の後継者には15歳上の清盛が選ばれたが、頼盛は唯一の正室の子として一門では清盛に次ぐ位置にあった。17歳で常陸介《ひたちのすけ》に任ぜられると、保元の乱では清盛とともに後白河天皇（のちの後白河法皇）方について戦い、戦後は清盛の知行国であった安芸国を受領している。頼盛は後白河法皇の寵愛を受け、平治の乱後は清盛、その嫡男・重盛《しげもり》に次いで、平氏一門3人目の公卿《くぎょう》となった。

しかし、後白河法皇と清盛との対立が深まると、頼盛の平氏一門内での立場は微妙なものになる。清盛や平氏主流派との関係が悪化し、治承3年（1179）に清盛が後白河院政を停止するクーデターを起こすと、後白河法皇に近かった頼盛はすべての官職を解かれてしまった。翌年頼盛は官職に還任するが、清盛が没し、源平の争乱が本格化

---

**平清盛（1118〜1181）**
伊勢平氏の棟梁。保元の乱で後白河天皇について勝利し、平治の乱では源氏勢力を一掃。1167年に従一位太政大臣となり、平氏政権を樹立する。翌年出家するが、娘の徳子を高倉天皇の中宮に入れ、その子の安徳天皇を即位させて外戚として威を振るった。

**保元の乱**
崇徳上皇と後白河天皇との皇位継承をめぐる対立に、摂関家の家督争いがからんで起こった戦乱。双方が平氏・源氏の武士を集めたが、平清盛・源義朝らを動員した後白河天皇方が勝利し、清盛・義朝らが中央政界に進出するきっかけとなった。

しても、平氏主流派との溝は埋まらなかった。そのため寿永２年（１１８３）、源氏方の木曾義仲《きそよしなか》に京を攻められ平氏一門が都落ちを迫られると、頼盛は自邸に火をかけ一度は一門と西走するも「忘れ物をした」という理由で離脱。都に引き返すと後白河法皇に保護を求め、八条女院《はちじょうにょいん》の常磐《ときわ》御所に身を寄せたのだった。

平氏の総大将だった平宗盛は源義経に捕まり斬首され、その嫡男・清宗《きよむね》やその他の男子もことごとく処刑されたが、頼盛は鎌倉に招かれて源頼朝の厚遇を受けている。その背景には、頼盛の母の池禅尼の存在があった。かつて頼朝は平治の乱で敗れて斬首される間際、池禅尼の助命嘆願で減刑された過去があり、いわば池禅尼は頼朝の命の恩人だった。その恩義に報いるため、頼朝は池禅尼の息子である頼盛の安全を約束し、所領の返還や官職へ還任するなどして厚遇したのである。

頼盛には娘があり、やがて藤原（持明院《じみょういん》）基家《もといえ》の室となって陳子《のぶこ》という女性を産んでいる。陳子は後高倉法皇の妃（北白河院）となり、

**平治の乱**
保元の乱後、後白河法皇の近臣の対立に平氏と源氏の勢力争いが結びついて戦乱に発展。藤原通憲と結んだ平清盛が、藤原信頼と結んだ源義朝を滅ぼし、義朝の子・頼朝を伊豆に流した。源氏は力を失い、清盛ら平氏が政治の実権を握った。

**池禅尼**
平忠盛の後妻で、頼盛の生母。清盛の継母。平治の乱で捕らえられた源頼朝の助命を清盛に嘆願し、これを聞き入れた清盛は伊豆流刑に減刑した。後年頼朝は、平氏一門都落ちの際に頼盛を庇護し、鎌倉に招いてその恩に報いている。

その第3皇子の茂仁《とよひと》親王は承久《じょうきゅう》の乱後に後堀河天皇として即位した。頼盛一族は皇族の縁戚に連なり、後世に血筋を伝えたのだった。

## 源氏の名門・新田義貞　その名跡を継いだのは〝自称〟新田氏⁉

後醍醐《ごだいご》天皇に応じて鎌倉幕府を攻め滅ぼし、南北朝に分裂後は南朝の総大将格として最後まで戦った新田義貞《にったよしさだ》。建武政権から離脱して北朝を建てた足利尊氏のライバルとして対照的に語られることも多い。

義貞は足利尊氏と並んで清和《せいわ》源氏の正統であったが、後醍醐天皇は尊氏を評価し、義貞は冷遇された。倒幕後、建武政権下の論功行賞では、尊氏が武功第一とされ、後醍醐天皇の名「尊治《たかはる》」から一字を与えられて尊氏に改名している。倒幕の立役者だった義貞は、尊氏の下位に列された。

**新田義貞（1301～1338）**

清和源氏の流れを汲み、上野国新田荘を本拠とする新田氏の嫡流。後醍醐天皇の挙兵に応じて鎌倉幕府を攻め滅ぼす。建武の新政では鎌倉幕府下での立場を反映し、同族の足利尊氏より低位に置かれた。1335年に尊氏が後醍醐天皇に背いてからは、南朝方の中心として各地で戦い、越前国で戦死した。

後醍醐天皇が義貞よりも尊氏を優遇したのは、ひとえに家格に差があったからとされる。系図をたどれば足利氏と新田氏はともに源義家《よしいえ》（八幡太郎《はちまんたろう》）の子・義国《よしくに》の系譜を引き、足利氏は義国の次男・義康《よしやす》、新田氏は義国の長男・義重《よししげ》の子孫である。むしろ新田氏の先祖が兄、足利氏の先祖が弟なのだから、新田氏の方が上にも見える。

後醍醐天皇の南朝を最後まで支えた新田義貞（藤島神社蔵）

だが、鎌倉幕府において、新田氏は代々上野国新田荘に住み、地方の有力御家人という立場だったのに対し、足利氏は幕府内部で高い家格を確立していた。足利氏の当主は、執権《しっけん》として幕府の実権を握っていた北条氏から妻を娶る伝統があり、北条氏と縁戚関係を

**源義家**
**（1038～1106）**
河内源氏3代目棟梁。石清水八幡宮で元服し、「八幡太郎」と名乗った。父・頼義に従って前九年の役で安倍氏を討ち、のち陸奥守、兼鎮守府将軍に任じられる。後三年の役を鎮定すると東国武士の信望を集め、東国における源氏勢力の基礎を築いた。

結び続けたのである。尊氏の妻も、北条一族出身だった。つまり先祖は同じでも、足利氏と新田氏の家格には、鎌倉幕政下で歴然とした差ができていたのである。

倒幕から2年後の建武2年（1335）、後醍醐天皇による建武政権から尊氏が離反すると、義貞は尊氏追討軍の総大将を任された。名実ともに尊氏の対抗馬となった義貞は、上洛した尊氏軍を豊島河原《てしまかわら》合戦で破り、一時は尊氏を九州に敗走させる。だが、すぐさま勢力を盛り返した尊氏に入京を許すと、義貞は北陸の越前国金ヶ崎《かねがさき》城に撤退。後醍醐天皇の皇子・恒良《つねよし》親王を擁立し、そこを拠点に勢力挽回を目指したが、建武4／延元2年（1337）に金ヶ崎城は落城。その翌年、義貞は越前国藤島で戦死した。

義貞には義顕《よしあき》、義興《よしおき》、義宗《よしむね》の3人の息子がいたが、金ヶ崎城で籠城戦を続けた嫡男の義顕は、落城とともに自害。義興、義宗は尊氏が没した後も関東で抵抗していたが、鎌倉公方の軍に敗れた。これにより

---

**豊島河原合戦**

1336年、京都に進軍した足利尊氏軍と、新田義貞・北畠顕家を総大将とする後醍醐天皇軍の戦い。『太平記』によれば、猪名川を挟んで両軍のにらみ合いが続くなか、楠木正成が尊氏軍の背後を奇襲。敗れた尊氏は兵庫に撤退し、その後九州へと落ち延びたとされる。なお、「豊島河原」の詳細な場所は不明である。

**恒良親王（1324～1338）**

後醍醐天皇の皇子。建武の新政下で皇太子となる。反旗を翻した足利尊氏との抗争が開始されると、新田義貞らと北陸越前に逃れ、金ヶ崎城に拠って

新田氏嫡流は事実上滅亡する。

そして室町時代以降、新田宗家は〝義宗の落胤〟を称した岩松満純《いわまつみつずみ》の岩松氏に継承された。

だが、その岩松氏は家臣の横瀬《よこせ》氏の下剋上を許し、実権を奪われてしまう。横瀬氏もまた、新田氏の後裔を名乗っていた。横瀬氏は7代・泰繁《やすしげ》の代に岩松氏の居城・金山《かなやま》城を奪って自立すると、8代・成繁《なりしげ》の代に由良《ゆら》氏に改姓する。「由良」は、新田宗家が代々拠点としていた新田荘にある地名だった。

岩松氏、由良氏は江戸時代はともに旗本として存続し、明治維新後、両者は新田に復姓している。だが、嫡流をめぐって争いが起き、明治新政府の裁定を仰ぐことになった。その結果、新田氏の嫡流として認められ、男爵に叙されたのは、若松氏だった。

---

興起を図った。しかし、金崎城が落とされると捕らえられ、京都で毒殺されたという。

## 大坂城落城で滅んだはずが？明治まで生き続けた豊臣の系譜

天正13年（1585）、関白に就いた羽柴秀吉《はしばひでよし》は後陽成《ごようぜい》天皇から豊《とよ》臣《とみ》の姓を与えられ、豊臣家が誕生した。だが、関ヶ原の戦いで勝利した徳川家康の将軍就任によって、天下人の座を明け渡した豊臣家は、慶長20年（1615）の大坂夏の陣で滅亡する。豊臣秀頼《ひでより》は母の淀君《よどぎみ》とともに大坂城内で自害した。

しかし秀頼には生存説も残され、江戸時代の『備前老人物語』では、側近の大野治長《はるなが》、織田有楽斎《うらくさい》らによって大坂城の水門から城外へと流され、加藤清正の子・忠広《ただひろ》の船で肥後（現・熊本県）に連れ出されたとされる。また、京や大坂では真田信繁が秀頼を薩摩（現・鹿児島県）に逃がしたという謡曲が流行り、『甲子夜話《かっしやわ》』『甲子夜話続編』でも秀頼は薩摩に落ち延びたとするが、薩摩の谷山に移り住んだ秀頼は代金も

---

**豊臣秀頼（1593～1615）**
豊臣秀吉と側室の淀君の子で、幼名は拾。1598年に天下人・秀吉の跡を継いたが、関ヶ原の戦い後は60万石あまりの一大名に転落した。徳川秀忠の娘・千姫を娶り右大臣となったが、大坂の陣で徳川家に敗れ、大坂城で自刃した。

**淀君（1567～1615）**
秀吉の側室。ちゃちゃ、淀殿ともいう。浅井長政の長女で、母は織田信長の妹・お市の方。秀吉の

払えないのに毎日酒を飲み、時に村民に暴力を振るうなど嫌われ者だったという。しかし、生存説を裏付ける物的な証拠は今もなく、これらは民衆の判官《ほうがん》贔屓の心情が生み出した伝説だろう。

とはいえ、秀頼には側室に生ませた2人の子がいたことは事実である。長男の国松は大坂夏の陣の時に8歳。だが終戦後、城を落ち延びて京都伏見の商家に匿われていた彼は探索にあって束縛され、洛中を引き回された後に六条河原で処刑された。なお、国松にも薩摩に落ち延びて島津家に匿われたとの伝承がある。

もう一人は女の子で当時7歳。『駿府記《すんぷき》』に「秀頼御息女七歳」とあることから娘であることは確かだが、俗名は不明である。この息女は秀頼側室の子だったが、秀頼の正室・千姫《せんひめ》の嘆願もあって助命された。のちに鎌倉の東慶寺《とうけいじ》に入れられ、天秀尼《てんしゅうに》と号している。東慶寺は江戸幕府公認の「縁切寺《えんきりでら》」として知られるが、天秀尼は不幸な女性の救済と東慶寺隆盛に尽くし、やがて東慶寺20世住持《じゅうじ》となった。

---

寵愛を受け、秀頼を生んだ。秀吉の死後は秀頼とともに大坂城に入り、正室の北政所をしのぐ権勢を誇った。

**縁切寺**
妻の側からの離婚申し立てが許されなかった江戸時代において、妻が逃げ込んで一定期間の勤めを果たせば離婚が認められた尼寺。駆入寺ともいう。幕府領では、相模国鎌倉の東慶寺と上野国新田郡の満徳寺に限られた。

この2人に子はなく、秀吉の血脈はここで途絶えてしまった。しかし、歴史上から豊臣の名が消えたわけではない。

秀吉の正室・高台院《こうだいいん》（ねね）の実家である木下家は、豊臣宗家の社《しゃ》稷《しょく》を継ぐことを認められ、江戸時代を通して豊臣姓である木下家を名乗った。備中足守《あしもり》藩木下家は12代、豊後日出《ひじ》藩木下家は16代にわたって徳川の世を生き抜きいている。豊臣の血脈こそ途絶えたが、名は明治へと伝わったのだった。

## 徳川四天王とその子孫は泰平の江戸時代をどう生きたか？

主に武力と忠義をもって徳川家康を支え、その天下取りに比類なき貢献を果たした酒井《さかい》忠次《ただつぐ》、本多《ほんだ》忠勝《ただかつ》、榊原康政《さかきばらやすまさ》、井伊《いい》直政《なおまさ》。泰平の世が訪れた後、彼ら「徳川四天王」とその家系はどうなったのだろうか？

## 大老職を輩出し続けた井伊家

４人のうち、もっとも最期が知られているのは井伊直政であろう。四天王の最年少ながら、知勇を兼ね備え、家康からもっとも信頼を受けた直政は、慶長５年（１６００）の関ヶ原の戦いで島津軍追撃中に銃撃を受け負傷し、その傷がもとで2年後に没した。上野国箕輪《みのわ》12万石の時代は善政を敷いて領民には慕われていたが、その反面、部下の些細なミスも許さず盛んに手討ちにしたため〝人斬り兵《ひょう》部《ぶ》〟と恐れられていたという。

直政没後は、大坂の陣で活躍した次男・直孝《なおたか》が譜代重鎮となり、３代将軍・家光の時代に彦根藩30万石を領有した。また、井伊家は以降も譜代筆

徳川四天王のなかでもっとも家康から信頼を受けた井伊直政（東京大学史料編纂所蔵）

---

**井伊直政（１５６１〜１６０２）**

１５７５年に15歳で徳川家康の小姓となり、父祖の旧領・遠江井伊谷を領した。１５８２年の甲斐武田家滅亡後、遺臣１２０名が配属され、山県昌景の「赤備え」を継承。以後、井伊家の軍装は幕末まで赤備えを基本とした。家康の関東入国に際し、上野箕輪12万石を与えられ、関ヶ原の戦いでの戦功によって近江佐和山18万石に加封された。

頭として、幕府運営においても重責を担い、大老の過半数を輩出している。そのうち最後の大老となったのが、13代彦根藩主の井伊直弼《なおすけ》であった。黒船来航の混乱期に幕政の最高責任者となった直弼は開国を決断、その開国は時代に即したものだったが、性急な強権政治が災いして江戸城桜田門外で暗殺された。

その後、井伊家は慶応2年（1866）の第二次長州征伐に参戦するが、すでに時代は変わっていた。戦国の世では「井伊の赤備え」と恐れられた彦根藩の軍装は夜間でも目立つ格好の標的となり、長州軍の洋式銃の前に大敗する。

戊辰戦争の緒戦である鳥羽・伏見の戦いでは彦根藩は当初、旧幕府軍の先鋒を務めていたが、戦闘中に赤備えの甲冑を脱ぎ捨てて徳川家と決別。新政府軍に寝返っている。こうして新政府軍として戦功を立てた井伊家は、維新後に伯爵となって華族に列した。

---

**大老**
政務を総理する江戸幕府の最高職。非常の時だけ老中の上に置かれ、10万石以上の譜代大名から選ばれた。

**井伊直弼（1815～1860）**
彦根藩主井伊家13代当主。幕末期の1858年に大老となる。勅許を得ずに日米修好通商条約に調印し、将軍継嗣問題では一橋（徳川）慶喜を抑えて徳川慶福（のちの14代将軍・家茂）を迎えた。これに反対する勢力を弾圧して「安政の大獄」を起こし、水戸浪士らの報復を受けて江戸城桜田門外で暗殺された。

## 酒井・本多・榊原家も明治まで存続した

家康の父・広忠《ひろただ》の時代から徳川家（松平家）に仕え、桶狭間の戦い後に家老となった酒井忠次は、同じく徳川家の重臣であった石川数正《かずまさ》が豊臣家に出奔して以降は筆頭家老の地位を占めた。だが、豊臣秀吉の天下統一前にすでに隠居していた忠次は、家康の天下を見ることなく慶長元年（１５９６）に病没。酒井家は嫡男の家次《いえつぐ》が継いだが、天正18年（１５９０）の小田原征伐後に家康から与えられたのは、下総国臼井《うすい》の３万７０００石に過ぎなかった。〝家康第一の功臣〟と称えられた忠次の家系に恥じない石高を得るのは、家次の子・忠勝《ただかつ》の時代である。出羽国庄内藩15万石を領し、明治時

生涯57回の合戦でひとつも傷を負わなかったと伝わる猛将・本多忠勝（東京大学史料編纂所蔵）

---

**酒井忠次**
**（1527～1596）**

家康の15歳年上で、家康の駿府人質時代から仕えた忠臣。桶狭間、三方ヶ原、長篠、小牧・長久手など家康が経験した主要な合戦のほぼすべてに参加し、すぐれた部隊指揮で武功を立てた。徳川四天王、徳川十六神将の筆頭格とされる。

代まで存続。戊辰戦争では会津藩とともに旧幕府軍の中心勢力となった庄内藩は最強の呼び声も高く、無敗のまま終戦を迎えている。

猛将として知られる本多忠勝と榊原康政は、それぞれ伊勢桑名と上野舘林に10万石を与えられた。そして、両者とも政治の中枢からは距離を置き、領地で静かに隠居生活を送った。「家康に過ぎたるもの」と称された忠勝は隠居後も武芸を欠かすことはなかったが、体力の衰えを実感し、愛用の長槍・蜻蛉切《とんぼきり》を短く詰めたといわれる。慶長14年（1609）に嫡男・忠政《ただまさ》に家督を譲ると、翌年に病没。本多家は、分家や移封を繰り返しながら、三河岡崎藩5万石で明治に至っている。

康政は関ヶ原の戦い後に老中となったが、「老臣権を争うは亡国の兆しなり」といい、自ら一線を退いたという。慶長11年（1606）に舘林で病没。榊原家は江戸時代に入ると無嗣断絶や藩主の放蕩によって2度も改易の危機に瀕したが、藩祖・康政の功績によって辛うじて存続を許され、最終的には越後高田藩15万石で江戸時代を生き抜いた。

---

**本多忠勝（1548～1610）**

生涯で57回の合戦に出陣し、一度も傷を受けなかったという猛将。幼少から家康に仕え、抜群の戦功で頭角を現した。本能寺の変に際しては、堺にいて進退に迷う家康に岡崎帰城を直言。計略を練り、「神君伊賀越え」を実行し、家康を無事領地に帰還させた。

**榊原康政（1548～1606）**

1560年に13歳で家康の小姓となり、三河一向一揆の鎮圧で初陣を飾る。そこで武功を挙げ、家康から「康」の字を与えられた。姉川、長篠、小牧・長久手など主要な戦を第

徳川政権が樹立した関ヶ原の戦い後、時代はすでに戦場での働きより能吏《のうり》を求めていたのか、徳川四天王の待遇も幾分の差があったようにも思われる。しかし、他の譜代大名のように徳川四天王の家系は1つも改易されることはなく、幕末まで存続した。4人の藩祖たちの偉大さを物語っているといえるだろう。

## 将軍家兵法指南役・柳生一族は十兵衛以降どうなった？

片目に眼帯をした「隻眼の剣豪」のイメージで知られる柳生《やぎゅう》十兵衛《じゅうべえ》三厳《みつよし》は、徳川将軍家の兵法指南役で大和柳生藩初代藩主・柳生宗矩《むねのり》の嫡子である。柳生家は開祖・宗厳《むねよし》から始まり、宗矩の江戸柳生家と利厳《としよし》（兵庫助《ひょうごのすけ》）の尾張柳生家の2つの流れに分かれたが、三厳は江戸柳生家に生まれた。父・宗矩が2代将軍・徳川秀忠の兵法指南役となっ

一線で戦い、家康が関東に移封されると関東総奉行となり、江戸城の修築などを行った。

**柳生宗矩**
**（1571〜1646）**
新陰流の祖・柳生宗厳（石舟斎）の五男。はじめ徳川家康に仕え、2代将軍・秀忠、3代将軍・家光の兵法師範役となった。大和柳生藩初代藩主。

て重用されると、三厳は父に連れられ将軍に謁見。13歳の時に、のちの3代将軍・家光の小姓となる。その後、家光の稽古に相伴し、父と同じエリートの道を進んだ。

しかし20歳の時、何らかの理由で家光の怒りを買って謹慎を命じられ、その後11年にわたって公の場から姿を消す。蟄居となった理由について、三厳は自著『月之抄《つきのしょう》』で「さることありて」と述べるにとどまり、柳生家の家譜『玉栄拾遺《ぎょくえいしゅうい》』でも「ゆえありて」と曖昧な表現に終始しているため、確かなことは不明である。謹慎中は故郷の柳生庄に引き籠り、柳生新陰流《しんかげりゅう》の口伝と伝書を頼りに兵法の研鑽に明け暮れていたというが、一方でこの空白期間が「諸国を廻りながら武者修行した」などといった〝柳生十兵衛〟にまつわる講談や創作物を生むことになった。

なお、三厳の片目の容貌も創作の域を出ない。宗矩が三厳の腕を試すため暗夜に礫《つぶて》を投げると右目に命中した（『柳荒美談《りゅうこう》』）、燕尾《えんび》の稽

**新陰流**
一刀流、神道流と並ぶ剣道三大流派の一つ。上泉伊勢守秀綱が創案し、始祖となる。念流、新当流、陰流の兵法三大源流のうち、特に陰流を発展させたため新陰流と名づけられたという。その後、高弟の一人、柳生宗厳に受け継がれた。

古で第四の太刀「月影」の太刀打ちを習っていた時、宗矩の太刀先が右目を突いた（『正傳《しょうでん》新陰流』）などの伝承は残るも、隻眼であったとする史料や記録はない。

柳生三厳も眠る柳生家の菩提寺・芳徳寺（奈良県奈良市）

再出仕が許されてからの三厳は御《ご》書院番《しょいんばん》を務めながら、修業の成果を元に新陰流の術理をまとめ上げて『月之抄』を著した。

その後父・宗矩が死去すると、遺領1万2000石は三厳、宗冬《むねふゆ》、列《れつ》堂義仙《どうぎせん》（父の命で出家）の3人の息子に分けられたが、先祖代々の本領を含む8300石を受けた三厳が家督を継いだ。しかし、その3年後、三厳は柳生庄近くの弓淵で、鷹狩り

---

**柳生宗冬**
**（1613～1675）**
柳生宗矩の三男で、三厳（十兵衛）の弟。宗矩に習い柳生新陰流を極め、父の死後空位となっていた兵法指南役に任じられ、4代将軍・家綱、5代将軍・綱吉に新陰流を教授した。三厳の急死後、その遺領も継いで1万石に復し、大名に列した。

の最中に44歳で急死。死因は不明のまま埋葬された。

三厳には男子がいなかったため、その死後は弟の宗冬が江戸柳生家を相続した。

宗冬は将軍家兵法指南役に任じられ、4代・家綱や5代・綱吉らに新陰流を伝授した。その功で加増を受け、宗矩の死後に旗本となっていた江戸柳生家を大名に復帰させている。宗冬の後はその次子・宗在《むねあり》、さらに宗在の養嗣子・俊方《としかた》が家督を継ぐが、俊方には子がなかったため宗矩の直系はここで途絶えた。以降は養子によって江戸柳生家は相続され、明治まで存続すると子爵に列した。

## 2代将軍秀忠のほかにいた徳川家康の10人の息子たちの数奇な運命

江戸幕府の初代将軍になった徳川家康には、公の記録に残っている——

だけでも11人の息子がいた。長男が生まれたのは家康が18歳の時で、最後に子をもうけたのは62歳のことだから、兄弟とはいえ最大で44歳もの年の差があったことになる。ご存じのように、家康の後継者として2代将軍になったのは秀忠《ひでただ》で、彼は三男である。それでは、ほかの10人の息子たちはどのような人生を送ったのだろうか？

## 織田信長の娘を娶った長男

15歳で初陣し、甲斐武田軍との戦いなどで武功を挙げた長男・松平信康《のぶやす》は、家康の最初の正室・築山《つきやま》殿の所生だった。織田信長の長女である徳姫《とくひめ》を娶り、元服すると岳父・信長から一字をもらって信康と名乗った。しかし、徳姫は姑の築山殿と仲が悪く、やがて信康とも不和となる。そんななか、築山殿に武田家との内通の噂があることを知った徳姫はそのことを信長に密告した。激怒した信長が家康に2人の処分を迫ると、築山殿は家臣により殺害され、信康は切腹を命じられて

**徳川秀忠（1579〜1632）**
徳川家康の三男で、江戸幕府2代将軍。1605年に将軍職を継いだ。父の死後はその方針をよく守り、有力大名の改易による権威の強化、朝廷との婚姻政策、キリシタン禁令などを行い、幕府体制の基礎を固めた。

しまう。結局、信康は服部正成（半蔵）の介錯で自害して果てた。

だが、一方で『当代記《とうだいき》』では、英邁だが粗暴が目立った信康と家康の親子不和が信康処断の要因であり、信長は関係なく家康自身の判断だったことを匂わせている。

## 早死にした秀忠の対抗馬たち

豊臣秀吉の養子に出され、のちに関東の結城《ゆうき》家を継承した次男の結城秀康《ひでやす》は、剛毅な性格の持ち主で1歳違いの弟・秀忠より武勇に優れていた。関ヶ原の戦いでは宇都宮城にあり、南下してくるかもしれない上杉勢を牽制する大任を任されている。しかし、家康には冷遇された。その理由は容貌が醜かったからとか、当時は縁起が悪いとされた双子で生まれたからともといわれる。関ヶ原後、越前北ノ庄68万石に加増されるが34歳で病没。『当代記』によれば、死因は梅毒だった。

その秀康とは対照的な美男子で、器量も備えていたとされる四男・

**当代記**

織田信長・豊臣秀吉の政権を経て、江戸幕府の成立初期までの出来事を編年的に記録した史書。10巻。戦国期から江戸時代初期の政治、社会、諸国情勢を知るうえで重要な史料である。徳川家康の外孫で姫路城主・松平忠明の著作といわれるが不詳。寛永年間頃に成立したとされる。

松平忠吉《ただよし》。秀忠の1つ年下で、三河の東条松平氏の家督を継いでいた。兄弟のなかでは唯一関ヶ原の本戦に参加し、退却する島津軍との戦いでは負傷しながらも敵将の首を取った。徳川四天王・井伊直政の娘を娶り、関ヶ原にも直政とともに参戦している。のちに尾張清洲《きよす》城主となったが、関ヶ原での負傷がもとで28歳で逝去。忠吉には嗣子がなく、清洲藩は弟の五郎太（家康の九男・義直《よしなお》）が継いだ。

関東の結城家に養子に出され、のちに越前松平家の祖となった結城秀康（東京大学史料編纂所蔵）

天正18年（1583）の秀吉による小田原征伐後、甲斐武田家の家督を継いだのが五男・武田信《のぶ》吉《よし》である。名門武田家の断絶を惜しむ家康の命によるものだった。だが、伸吉は生まれつき多病で、

**小田原征伐**

1590年、豊臣秀吉が相模の小田原城を包囲して、北条氏政・氏直らを滅ぼした戦い。秀吉は北条氏討伐の令を諸国に発し、総勢20万を超える軍勢を動員。関東最大の戦国大名、後北条氏を滅ぼしたことで天下統一を完成させた。

**甲斐武田家**

鎌倉時代から甲斐国に基盤を築いた源氏の名流。戦国時代の晴信（信玄）の時に大きく勢力を伸ばし、甲斐・駿河の2国を治め、信濃・遠江・三河・美濃など各国の一部を支配下に置いた。その子・勝頼が織田信長に敗れ、1582年に滅亡。

子もなかった。関ヶ原後は常陸水戸25万石の領主になるが、28歳で病没。武田家はこれによって断絶し、その後水戸には弟の頼房《よりふさ》（家康の十一男）が入り、遺された信吉の家臣たちは頼房に仕えた。

この3人は秀忠と年が近くいずれも家康の後継者候補だったが、信吉は慶長8年（1603）、秀康と信吉は慶長12年（1607）に亡くなったのである。秀忠が将軍に就任する前後の相次ぐ早死にだった。

## 御三家を形成した九男・十男・十一男

年齢的に関ヶ原の戦いに間に合わなかった六男の松平忠輝《ただてる》は、次男・秀康と同様に家康から生涯を通じて嫌われた。理由は、母親の身分が低かったこと。また、これは秀康とも重なるが、忠輝に対してはとりわけその容貌を嫌ったという記録が多く、生まれたばかりの忠輝を見た家康が「捨てよ」と家臣に命じたとの逸話が残る。そして、大坂夏の陣で戦闘に遅れたこと、秀忠直属の旗本を殺したことから家康の怒りを買い、家康臨終の折りには忠輝だけが面会を許されなかった（『徳川実紀《とくがわじっき》』）。挙げ句、忠輝は兄・秀忠から越後高田75万石を改易され、伊勢朝熊《あさま》に流罪とされてしまう。以後、赦されないまま忠輝は92歳で没し、徳川宗家からようやく赦免されたのは没後３００年の昭和59年のことだった。きっかけは、忠輝の菩提寺である諏訪貞松院《ていしょういん》の住職が見た夢。「忠輝公が〝赦免してもらえないか〟と夢に出てきた」ことから徳川宗家に願い出て実現したのだった。

生後まもなく、長沢松平家に養子に出されるも幼くして死去してしまった七男・松千代《まつちよ》。『幕府祚胤伝《そいんでん》』では、文禄元年（１５９２）誕生、文禄３年（１５９４）２月８日死去とされており、忠輝と双子の兄弟だったという説がある。

八男・仙千代《せんちよ》も短命であった。嗣子がいないことを憂えた家康の配慮により、徳川十六神将の一人・平岩親吉《ひらいわちかよし》の元に養子に出されたが、まもなく4歳で死去。

九男・義直、十男・頼宣《よりのぶ》、十一男・頼房は、家康が関ヶ原の戦いに勝利し、天下人となった後に生まれた子である。

九男・徳川義直は、四男の忠吉の死により尾張一国を譲り受け、尾張徳川家初代藩主となった。尾張徳川家は一度も将軍家を継ぐことはなかったが、徳川御三家の筆頭、そして江戸時代を通してもっとも格式高い大名家として続いた。家康の実子であることに高いプライドをもっていた義直は、祖父・家康を強く意識していた3代将軍・家光にとって、いわば目の上のたんこぶな存在だったとされる。

十男・徳川頼宣は、家康の死後に駿府城の城主となり、その後紀州和歌山に移封され、紀州徳川家初代藩主となった。65歳の時に嫡男・光貞《みつさだ》に跡を譲って隠居するが、紀州藩主としての治世は47年9か月。この間の江戸参府は19回、紀州帰国は18回にものぼっている。

水戸徳川家初代藩主となる十一男・徳川頼房は、家康の死後に駿府から江戸に移ると、しばらく水戸に入らず、青年期を江戸で過ごした。

---

**徳川御三家**

尾張・紀州（紀伊）・水戸の徳川家の総称。将軍を補佐する機能を果たした。親藩のなかでも幕府から別格の待遇を受け、将軍家（宗家）に嗣子のない時は将軍職を継ぐ特典が与えられた。ただし、将軍位継承権を持っていたのは尾張・紀州で、副将軍止まりの水戸は一段格下に置かれていた。

初めて藩領に入ったのは、常陸水戸25万石を拝領してから10年後の元和5年(1619)である。3代・家光の治世になると頼房は江戸に常駐し、家光も彼を頼りにした。以降、水戸徳川家は参勤交代をせず、江戸に定府したことから〝天下の副将軍〟と呼ばれるようになる。

御三家のひとつである尾張徳川家の初代・徳川義直(徳川美術館所蔵品複製)

義直を祖とする尾張家、頼宣を祖とする紀州家、頼房を祖とする水戸家は徳川御三家を形成し、親藩中の最高位を占め、将軍家を補佐する役目を与えられた。尾張家、紀州家は将軍に継嗣のない場合は将軍家を相続する特権を有し、8代将軍・吉宗、14代将軍・家茂はともに紀州家から出て徳川宗家を継いでいる。

---

**親藩**
初代将軍である徳川家康の男系男子を始祖とする藩。つまり、徳川宗家の分家。御三家のほか、越前・会津の松平家がこれにあたる。8代将軍・吉宗の時代以降は田安・一橋・清水の御三卿が設けられた。

## 米沢藩を立て直した名君
## 上杉鷹山のおかげで再評価された直江兼続

江戸三百諸藩のなかにあって、米沢藩の9代藩主・上杉鷹山《ようざん》は藩政の立て直しを見事成功させた名君として名高い。

鷹山は明和4年（1767）、17歳で破綻寸前だった米沢藩の藩主となる。まず「大検約令」を発し、役人の贅沢や無駄を正すことから藩政改革の第一歩を踏み出し、自らも模範を示して節約に努めた。江戸での藩主の生活費をそれまでのおよそ7分の2とし、食事は一汁一菜、奥女中も50人から9人へと減らしている。

その後、農政改革に着手すると、鷹山も率先して鍬をとり、農民たちに荒れ果てた農地の開墾を促した。さらに、新たな産業を興して財政の立て直しを図っていく。鷹山は藩内で桑の栽培や養蚕《ようさん》を奨励し、養蚕や織物業を米沢藩の主要産業へと成長させた。文化3年

---

**上杉鷹山**
**（1751〜1822）**
出羽米沢藩9代藩主。日向高鍋藩主・秋月種美の次男に生まれ、上杉家の養子に入った。名は治憲（はるのり）で、鷹山は号。倹約、新田開発、殖産興業政策などで藩政改革に務め、藩政を立て直した。

（1806）、鷹山が56歳の時には『養蚕手引』を発行し、配布している。他に、製塩、製紙、製陶などの産業も盛んにした。

また、鷹山は「学問は国を治めるための根元である」と考え、教育と人材育成にも積極的であった。子どもが生まれた貧しい家庭には出生養育手当を支給し、学問の場として藩校「興譲館《こうじょうかん》」を創設。藩士、農民など身分を問わず学ばせ、興譲館は県立高等学校として現在に至っている。

上杉神社に建つ上杉鷹山像。上杉神社は米沢藩祖である上杉謙信を祀る（山形県米沢市）

こうした藩政改革の結果、米沢藩は鷹山の死後も借金を返済し続け、一時は20万両にまで膨らんでいたとされる借金を、50年以上をかけて奇跡的に完済する。鷹山は文政5年（1822）に72歳で亡くなったが、「成せばなる 成さねばならぬ 何事も 成らぬは人の 成さぬ成けり」（『上杉家文書』）という言葉を残した。

さて、そんな名君・上杉鷹山を語る上で欠かせない人物がいる。それは米沢藩初代藩主・上杉景勝《かげかつ》を支えた直江兼続《なおえかねつぐ》である。鷹山は兼続を手本に藩政改革を行ったことから、兼続が見直されるきっかけをつくったのだ。後世では知勇を兼ね備えた名将と謳われる兼続も、実は当時の米沢藩内では高い評価を得られていなかった。

兼続は上杉景勝の小姓から家老となり、米沢移封前の越後・会津時代から藩政を主導した。越後藩では新田開発や青苧《あおそ》の増産などを行って財政を潤し、天下人の豊臣秀吉からは越後・佐渡の金銀山代官に任ぜられていた。そして関ヶ原の戦い後、会津120万石から米沢30万石へ減封されてからは、上杉家再建に尽くしている。

家臣6000人を召し放つことなく総勢3万人で米沢に移住すると、

**上杉景勝**
**（1556〜1623）**
長尾政景の子で、上杉謙信の養嗣子。謙信没後の1578年、後継候補の景虎を倒して遺領を継いだ。豊臣秀吉の五大老に列し、会津120万石を領したが、関ヶ原の戦いで石田三成に与して敗れ、米沢30万石に減封された。

兼続は家禄6万石のうち5万石を他の武将に、5000石を家臣にそれぞれ分け与えた。自身は一汁一菜の質素倹約を旨としながら、農地開墾と換金作物の栽培、軍備の増強、学問の奨励の指揮を執った。特に米沢城下を流れる最上川の治水対策として「直江石堤《せきてい》」を築いたことは有名で、米沢藩の農業生産力を上げ、表高30万石に対して内高51万石といわれるほどに拡大させた。

だが、これほどの政治力を発揮した兼続がなぜ藩内で評価されなかったのか？　それは、そもそも米沢減封の原因をつくったのが兼続だったからである。関ヶ原の戦いの直前、謀叛の動きを見せた上杉家を牽制するため徳川家康は詰問状を送ったが、それに反論したのが兼続の「直江状」である。しかしその内容は、家康の要求を拒否するだけにとどまらず、家康を批判し、挑戦状ともいえるものだった。それを読んだ家康は激怒し、関ヶ原後の上杉家の減封へとつながったのである。ゆえに、上杉家の領民たちは、兼続を奸臣《かんしん》と見なしたのだ。

---

**直江状**
家康の上杉家への上洛勧告に対して、上杉景勝の家老・直江兼続が書いた返書。上杉家との交渉にあたっていた西笑承兌（さいしょう　じょうたい）に送られた。挑発的な内容であったことから、家康の会津征伐につながったとされる。原本は現存せず、後世に改竄されたともいわれる。

だが、兼続を見習った鷹山の藩政改革は成功し、米沢藩の人々は兼続の成果も見直すことになった。鷹山が兼続の政治力を見抜いて実行したことが、兼続の再評価へと働いたのである。そして、現在は鷹山、兼続ともに上杉家の矜持を集約した名君・名臣と見なされている。英雄は英雄を知るものである。

## 歌人の名家に生まれた清少納言 息子にその才能は受け継がれたか？

『源氏物語』を書いた紫式部と並び、平安時代を代表する女流作家として知られるのが清少納言《せいしょうなごん》だ。彼女が著した『枕草子《まくらのそうし》』は日本最古の随筆といわれる。

清少納言の父方である清原《きよはら》氏は歌詠みの名門で、彼女の父・清原元輔《もとすけ》も、歌人として名の知られた人物であった。天暦5年（951）には「梨壺《なしつぼ》の五人」の一人に選ばれ、『万葉集』の訓釈《くんしゃく》に従事し、『後撰《ごせん》和歌集』の撰者になっている。三十六歌仙《かせん》にも名を連ねる父の才能と名声は、清少納言にとっては重荷だったようで、彼女は父の名を汚さぬために歌を詠むのを控えていたという。

清少納言の才能は父親譲りだったようだが、それでは彼女の子どもはどうだったのだろうか？

清少納言は2度結婚しており、最初の結婚相手である橘則光《たちばなののりみつ》と再婚相手の藤原棟世《むねよ》との間に、それぞれ一子をもうけている。そのうち彼女の才能を受け継いでいたのは、則光との間に生まれた則長《のりなが》だった。則長は文官としてキャリアを務め、歌人としても『後拾遺《ごしゅうい》和歌集』に3首、『新続《しんしょく》古今和歌集』に1首の歌を残した。また、4種ある『枕草子』の写本の1つ、能因《のういん》本の編纂にも関わっていたとされる。

ただ、則長の子孫に目立った歌人は見られず、清少納言の才能は子の代までで途絶えてしまったということもできる。

---

**枕草子**

清少納言が著した随筆で、1001年頃に完成したとされる。一条天皇の中宮・定子に仕えた作者の宮廷生活の見聞、回想を長短約300の章段に綴ったもの。作者の鋭い感覚と特徴のある歯切れのよい文体で、『源氏物語』と平安女流文学の双璧とされる。なお、作中には、清少納言の最初の夫である橘則光に関するエピソードがあるが、再婚相手である藤原棟世は登場しない。

なお、彼女の出身である清原氏は、その後も学問を指導する家柄として続き、後裔には戦国時代に活躍した細川幽斎《ほそかわゆうさい》などがいる。武芸百般に通じ、一流の歌人・茶人でもあった幽斎は、当代随一の教養人とされた。足利将軍家に仕えた後は織田信長、豊臣秀吉、徳川家康にも重用され、子の忠興《ただおき》は豊前小倉《ぶぜんこくら》藩の初代藩主となっている。

## 西南戦争後も明治を生き抜いた西郷隆盛が残した子どもたち

薩摩藩の下級武士から倒幕勢力の中核となり、江戸城の無血開城を実現した西郷隆盛《さいごうたかもり》は「維新の三傑《さんけつ》」に数えられる。戊辰戦争を指導し、その終結を見届けた後は鹿児島に戻り、もっぱら藩政改革に従事した。国政からは一歩引いた立場を取っていたのだ。

しかし、ほどなく盟友である大久保利通《おおくぼとしみち》や岩倉具視《いわくらともみ》の出仕要請を受けて上京し、明治新政府に参画。明治４年（１８７１）11月、岩倉使節団の海外派遣で大久保や木戸《きど》孝允《たかよし》らが不在になると、留守政府の筆頭参議として中央政権を主導する立場になった。留守政府では官制・軍制の改革を続け、兵部省を廃止して陸軍省・海軍省を設置し、御親兵に代えて近衛兵を新設。明治６年（１８７３）５月には徴兵令が布告され、西郷は参議兼陸軍大将に任ぜられている。

だが、やがて留守政府では征韓《せいかん》論が沸騰し、鎖国政策をとる朝鮮政府に対して板垣退助《いたがきたいすけ》は強行出兵を強く主張する。西郷はまず自分が全権大使として朝鮮に渡り、派兵は交渉決裂後とすべきだとし、最終的には板垣もこれに同意。西郷の派遣が閣議決定された。しかし、欧米視察から急遽

弟の西郷従道と従弟の大山巌をモデルに描かれたとされる西郷隆盛の肖像画（国立国会図書館蔵）

**近衛兵**
宮中の警固や儀仗の任にあたった兵。近衛師団に所属した。

**征韓論**
明治時代初期に、維新政府内で唱えられた対朝鮮強硬論。特に１８７３年、西郷隆盛、板垣退助らが排日・鎖国主義の朝鮮に出兵しようとした主張を指す。この主張により、不平士族の目を外に向けようとする狙いがあったとされる。

帰国した岩倉、大久保、木戸らは内治優先などを掲げ、この決定に強硬に反対。政府は征韓派と内治派とに分裂し、結果、当初の閣議決定は覆され、西郷、板垣らは職を辞して下野した（明治六年の政変）。

鹿児島に戻った西郷は明治7年（1874）6月、私学校をつくり士族とその子弟の教育にあたった。これは新政府の方針への不満が頂点に達しようとしていた士族たちを指導し、統御しておかなければ反乱を起こしかねないという背景もあった。

しかし、明治10年（1877）、鹿児島の士族たちは武装蜂起し、反乱の狼煙を上げる。日本史上最後の内戦となる「西南《せいなん》戦争」が勃発したのだった。自ら開いた私学校の生徒たちの勢いに呑まれた西郷も引くに引けず、総指揮官として進軍を決意する。新政府の大久保は、西郷が〝無名の軽挙〟を回避するものと信じていたが、西郷の反乱を聞くと国家を揺るがす危機と判断し、征討軍を派遣した。

不本意にも賊軍の将となった西郷は、8か月の激戦の果て、ついに

---

**明治六年の政変**

征韓論に端を発し、1873年に起きた政変。西郷隆盛、板垣退助らが征韓論を主張したのに対し、欧米視察から戻った岩倉具視、木戸孝允、大久保利通らは内治優先を唱えてこれを退けた。その結果、西郷、板垣ら征韓派が下野し、彼らに近い軍人・官僚約600余名が職を辞した。以後、士族反乱や自由民権運動を展開する。

鹿児島の城山《しろやま》に追い込まれ新政府軍に包囲される。西郷は「潔く前進して死すべし」と述べ、40余名の将士らとともに歩いて城山から下山したが、途中に股と腹に被弾。腹心の別府晋介《べっぷしんすけ》に「もうここらでよか」と告げると、別府の介錯によって自刃した。享年51、明治10年（1877）9月24日のことだった。

西郷の首は政府軍に奪われるのを恐れた配下の士族によって溝の中に隠され、残る胴体は山県有朋《やまがたありとも》による終戦後の検屍を経て、浄光明寺《じょうこうみょうじ》跡（現・南州《なんしゅう》墓地）に埋葬された。のちに首も発見され、やはり山県が手厚く葬ったが、山県は生首を撫でて落涙したともいわれる。

西郷は生涯3度の結婚をし、5人の子どもをもうけているが、子どもたちは3番目の妻・イトに全員が引き取られた。イトといえば、東京上野公園に夫の銅像が建てられた際、その除幕式で銅像を見るなり「宿《やど》んし（うちの主人）は、こげなおひとではなかっ！」と叫んだことで知られる女性だ。西郷の遺児たちは彼女に世話をされた。

---

**西南戦争**

1877年、鹿児島の不平士族が西郷隆盛を擁立して起こした、明治政府に対する反乱。西郷は私学校生徒ら士族に押されて挙兵。熊本鎮台を包囲したが、政府軍に鎮圧され、城山の戦いを最後に西郷ら指導者の多くは自刃した。これ以後、反政府運動は武力を用いない自由民権運動へとシフトしていった。

嫡男の寅太郎《とらたろう》は、ドイツに渡ってプロイセン陸軍士官学校を卒業し、のちに陸軍中尉に就任。日清戦争に参加している。明治35年（1902）には、父の維新の功績により侯爵を授かり華族に列せられた。庶子の菊次郎《きくじろう》は、アメリカ留学後、宮内省、台湾総督府を経て明治37年（1904）から6年間、第2代京都市長を務めている。

その後、西郷家を継いだのは寅太郎の三男・吉之助《きちのすけ》で、銀行員を経て貴族院議員、参議院議員として活躍。参議院議員時代は法務大臣を歴任した。

**貴族院**
大日本帝国憲法下の一院で、二院制の上院に相当する。皇族、華族、勅選議員、多額納税者などの特権階級からなり、解散はなかった。1947年の日本国憲法施行とともに廃止。

## 不世出の天才剣士へと受け継がれた「三成に過ぎたるもの」島左近の血

武勇と軍略ともに優れ、戦場での鬼神のような戦いぶりから「鬼左《さ》近《こん》」の異名をとった島左近。「左近」は通称で、正確な名は「清興《きよおき》」といわれる。

その生涯は不明な点も多いが、大和国（現・奈良県）に生まれ、当時勢力を伸張した筒井順慶《つついじゅんけい》に仕えた。家中では重臣の松倉右近《まつくらうこん》とともに「右近、左近」と称され、椿井《つばい》城を預かっていたとされる。だが順慶の死後、後継の定次《さだつぐ》とは合わず筒井家を辞し、近江で浪人生活を送った。この時左近を熱心に誘ったのが、石田三成《いしだみつなり》である。

石田三成に三顧の礼をもって迎えられた島左近（『太平記英雄伝廿五：品之左近朝行』落合芳幾画）

『常山紀談《じょうざんきだん》』によれば、当時4万石の所領だった三成は、その半分の2万石を与えて左近を召し抱えたという。はじめは断っていた左近だったが、破格の待遇を意気に感じたのかもしれない。以来三成に忠義を尽く

---

**筒井順慶（1549〜1584）**
大和筒井城主。織田信長に従い、松永久秀を討って大和一国を支配した。本能寺の変後に明智光秀と羽柴秀吉が争った山崎の戦いで、洞ヶ峠に陣を置いて日和見を決めこみ、形勢有利な羽柴方についたとされるが、これは俗説である。

**常山紀談**
湯浅常山が著した江戸中期の史談集。戦国時代後半から江戸初期までの名将・豪傑たちの言行や逸事に関する雑談を、約470条に集めたもの。読み物として流布した。本編25巻、拾遺4巻、付録1巻。

し、官僚タイプだった三成の参謀として、主に軍事面で支えた。名声に違わぬ左近の働きぶりは、当時流行った俗謡で「治部少《じぶしょう》（三成）に過ぎたるものが二つあり　島の左近と佐和山《さわやま》の城」と謳われたほどである。

慶長5年（1600）、三成が事実上の西軍主将となった関ヶ原の戦いでは、兵1000名を率いて西軍の先陣となり、開戦直後に東軍の黒田長政《くろだながまさ》隊5400名と激突。左近の巧みな用兵のもと、将兵は突撃を繰り返し、数に勝る黒田隊を押し返して優勢のうちに戦を進めた。しかし、島津、毛利、小早川らの軍勢が傍観姿勢を見せ始めると、西軍は劣勢へと傾く。奮戦した左近も、黒田隊の鉄砲一斉射撃を受けて負傷し、そのまま討ち死にしたという。ただ左近の奮戦ぶりはすさまじいもので、槍を交えた黒田隊の武将は恐怖で左近を直視できず、誰一人左近の出で立ちを記憶していなかったという逸話が『古郷物語《ふるさと》』に記されている。

---

**黒田長政**
**（1568～1623）**
黒田孝高（官兵衛）の長男。幼少の頃に織田信長の人質となり、のちに豊臣秀吉のもとで父とともに中国征伐、賤ヶ岳の戦い、九州征伐などで戦功を立てた。関ヶ原の戦いでは徳川家康に味方し、豊臣家恩顧の諸将を調略し、寝返らせたといわれる。戦後、筑前福岡52万石を与えられた。

左近の最期については『関ヶ原合戦誌』や『戸川記』にあるように、乱戦のなか戦死したとする見方が一般的である。しかし、左近の首級は見つかっておらず、落ち延びたとする説も根強い。黒田家の記録である『黒田家譜』や『古郷物語』は、左近が「被弾して倒れた」と記すのみである。

また、太田牛一《おおたぎゅういち》が著した『関ヶ原軍記』では行方不明、『古今武家盛衰記』や『石田軍記』では西国に落ち延びたとされ、京都の立本寺《りゅうほんじ》には寛永9年（1632）6月26日に没したとされる左近の墓がある。その記録によれば、関ヶ原から逃れた左近はこの寺の僧として32年間生き延び、西軍諸将の菩提《ぼだい》を弔いながら日々を過ごしたようである。

その家族についても謎が多い左近だが、一説には三男二女をもうけた。嫡男の新吉（信勝）は大谷吉継《おおたによしつぐ》の軍奉行として関ヶ原に参戦したが戦死。次男の友勝は大和にいたが、関ヶ原の敗報を聞いて西国に逃れたという。

末娘の珠《たま》は柳生利厳《やぎゅうとしよし》の継室となり、厳包《としかね》を生んでいる。「柳生兵庫助《ひょうごのすけ》」の通称で知られる利厳は、新陰流《しんかげりゅう》の正統を継いだ新陰流三世にして尾張柳生家の祖となった人物だ。利厳の父である宗厳《むねよし》と左近は筒井家に仕えたかつての同僚で、柳生家と島家には縁があったのだ。

　左近にとって外孫にあたる厳包は、幼い頃からずば抜けた剣術の才能を持ち、「尾張の麒麟児」と称された。当初は母方の実家である島家の再興を目指していたが、その才能ゆえ、三男ながら新陰流の正統を継ぐことになった。「連也斎《れんやさい》」と号した厳包は、新陰流中興の祖といわれる。

　その後、尾張柳生家は尾張藩の兵法指南役として仕え、明治維新まで続いている。

---

**柳生利厳**
**（1579~1650）**
柳生宗厳（石舟斎）の孫で、通称は兵庫助。尾張柳生家の祖。柳生宗家は叔父の柳生宗矩が引き継いだが、宗厳より新陰流の教えを継承する。はじめ肥後熊本の加藤清正に出仕したが辞し、のちに尾張藩初代藩主・徳川義直に仕え、兵法師範となる。晩年は如雲斎と号した。

# 第5章

日本史に名を残した

# 芸術家・文化人の「その後」

# 『万葉集』編纂後、大伴家持が歌を詠まなくなった理由とは⁉

日本最古の和歌集『万葉集《まんようしゅう》』の編纂に関わり、奈良時代を代表する歌人の一人として知られている大伴家持《おおとものやかもち》。『万葉集』の最後に収録されている彼の歌「新しき 年の始めの 初春の 今日降る雪の いやしけ吉事《よごと》」は、和歌集をしめくくる歌というだけでなく、家持にとって最後に詠んだ歌でもあった。

この歌は、家持が因幡守《いなばのかみ》に任じられた翌年、天平宝字3年（759）正月に詠んだものとされている。この後、家持は26年も生きるのだが、歌は1つも残されていない。それはなぜなのだろうか。

歌人としての一面が取り上げられる家持だが、その出自である大伴家はヤマト王権以来の武門を司る家柄だった。祖父の安麻呂《やすまろ》、父の旅《たび》人《と》は大宰帥《だざいのそち》を務め、家持も天平勝宝6年（754）には兵部少輔《ひょうぶしょうゆう》となっ

---

**大宰師**
九州諸国を統轄した大宰府の長官。

て防人《さきもり》の事務を担当している。実は、家持が歌をよく詠んだのはこの軍人時代のことで、『万葉集』を編纂したのもこの頃だった。

しかし、天平宝字元年（757）、家持の人生を暗転させる事件が起こる。橘奈良麻呂《たちばなのならまろ》が藤原仲麻呂《ふじわらのなかまろ》を滅ぼして孝謙天皇を廃そうとした「橘奈良麻呂の乱」が起こり、首謀者の奈良麻呂に連座して、大伴一族の池主《いけぬし》、古麻呂《こまろ》らが処罰された。家持も失脚し、中央政界から因幡守へと追われてしまう。冒頭の歌を詠んだのも、ここ因幡の地でだった。

小倉百人一首にも中納言家持として歌が選ばれている大伴家持（『三十六歌仙額』狩野探幽画）

その後も家持は、有力貴族間の政治闘争に巻き込まれていった。天平宝字7年（763）には、藤原仲麻呂暗殺未遂の罪で捕えられ薩摩守《さつまのかみ》へ左遷、天応2年（782）

---

**防人**
律令制のもと、北九州地方の防衛にあたった兵士。主に東国から徴用された。大宰府に送られ、3年交替で任務に就いた。

**藤原仲麻呂（706～764）**
藤原不比等の孫。光明皇太后の信任を得て、異例ともいえるスピードで出世し、758年に恵美押勝（えみのおしかつ）の名を受ける。皇族以外で初めて太師（太政大臣）に任ぜられ、専横を振るった。孝謙上皇が道鏡を寵愛すると、その排除を画策して反乱を起こしたが失敗し、敗死した。

正月には、天武天皇の曾孫・氷上川継《ひがみのかわつぐ》が皇位を狙ったクーデター未遂事件への関与を疑われて解官された。家持は失脚しては復帰を繰り返したが、政治家として己の身を守ることに精一杯で、以前のように歌を詠める状況にはなかったのだろう。ハッキリとした経緯はいまだ謎だが、政治闘争が家持に歌をやめさせたといえるのかもしれない。

不運なことに、家持は死後も政争に巻き込まれている。

家持が没したのは延暦4年（785）8月28日のことだが、それからひと月も経たない9月23日、まだ造営中だった長岡京で藤原種継《たねつぐ》が暗殺される事件が起こり、家持の加担が疑われた。結果、家持は事件の首謀者とされ、桓武天皇によって生前の位階、勲位を剥奪されてしまったのだった。この時、家財や蔵書も没収され、そのなかには『万葉集』の歌稿も含まれていたといわれる。家持の罪が許され、その名誉が回復されたのはそれから21年後のことだった。

**藤原種継（737〜785）**
藤原清成の子で、桓武天皇から篤く信任された。長岡京遷都を計画し、784年に造長岡宮使となり工事を主導したが、翌年暗殺された。

## 5度の渡海失敗で盲目になった高僧 鑑真の目は実は見えていた⁉

5度にわたる渡航失敗で失明しながらも、仏教の正しい戒律を伝えるため、唐から日本に招かれた鑑真《がんじん》。実は、唐《とう》の皇帝・玄宗《げんそう》は彼の学識を惜しみ、鑑真の渡日を許可しなかった。そのため鑑真は密航して出国せざるをえず、妨害や遭難のため5回も失敗し、6回目の渡海でようやく日本の地を踏むことができたのだった。

渡日を決意してから10年後の天平勝宝5年（753）、太宰府の地を踏んだ鑑真は、その年から授戒《じゅかい》を行った。翌年には平城京に入り、東大寺に迎えられると大仏殿前に戒壇を設け、聖武上皇、孝謙天皇をはじめ多くの僧侶や貴族に菩薩戒《ぼさつかい》を授けた。その後、孝謙天皇から大《だい》僧都《そうず》に任じられて僧都の最高位となり、天平宝字3年（759）に唐《とう》招提寺《しょうだいじ》を創建。ここに戒壇を設けて、律宗《りっしゅう》の根本道場とした。博識だっ

---

**授戒**
仏門に入る者に、師僧が信者としての守るべき戒を授けること。

**律宗**
大乗仏教の一宗で、戒律を守り実行することを教義とする。鑑真によって日本に伝えられた。南都六宗の一つとして、今日まで続いている。

た鑑真は、日本仏教の発展に大きく寄与しただけでなく、大陸の絵画や建築の技術、医学の知識なども日本にもたらしている。

ただ、鑑真の日本での活動はそれほど長くなかった。天平宝字7年(763)5月に、彼は76歳でこの世を去ったのだ。師の死が近づいたことを悟った弟子の忍基《にんき》らは鑑真の彫像をつくったが、これが鑑真の姿を伝える史料としてもっともよく知られている「鑑真和上坐像《わじょうざ》」である。禅定印《ぜんじょういん》を組んで瞑想する鑑真像は国宝として、現在まで唐招提寺に伝わっている。

ところで、鑑真の偉大さを示す話として盲目であったことが知られるが、彼は完全に失明していたわけでなく、実はうっすらと見えていたとする説もある。

その根拠とされるのは、奈良・正倉院《しょうそういん》が所蔵する『鑑真奉請経巻状』という鑑真直筆の書状だ。この書状は、鑑真が東大寺の良弁《ろうべん》という僧に経典の借用を申し出た際に書いた文書で、天平勝宝6年(754)

---

**正倉院**
奈良の東大寺大仏殿の西北にある宝庫。奈良・平安時代は寺院や役所の重要な物品が納められた倉庫を「正倉」といったが、現在では東大寺に1棟残るだけとなり、固有名詞化している。

3月18日の日付がある。鑑真の伝記『唐大和上東征伝《とうだいわじょうとうせいでん》』によれば、彼が失明したのは天平勝宝2年（750）のことだが、『鑑真奉請経巻状』の筆跡は完全に失明した人の手によるものとは思えない、のびやかな筆跡だという。鑑真が弟子に代筆させたとも考えられるが、現存する弟子たちの筆跡には書状と一致するものがない。また日付の下にある鑑真の署名は、草書で略されて記されており、これは弟子にはとても真似できないという。よって、この書状はやはり、鑑真によって書かれたものであると考えるのが妥当というわけだ。なお、鎌倉時代に成立した鑑真の事績を描いた絵巻『東征伝絵巻』には、目をはっきりと見開いた鑑真が描かれている。

彼が失明したことは確かだったのだろう。ただそれは渡海中の遭難によってではなく、最晩年のことだったのかもしれない。

だとしても、鑑真が当時の日本の社会に果たした貢献は少しも色褪せないだろう。彼には、死後3日経っても頭に体温が残り、荼毘に付されると周囲にお香の香りが満ちたとの伝えもある。こういった伝承がついて回るのも、鑑真の偉大さの証明だといえる。

## 安倍晴明の陰陽道が明治に至るまでの紆余曲折

神秘的な伝説とともに語られることが多い安倍晴明《あべのせいめい》だが、天文道に通じて宮廷で活躍した実在の人物であり、平安時代の陰陽師《おんようじ》はれっきとした職業であった。

稲荷の狐が化身した女（葛《くず》の葉）と人間の男・安倍保名《やすな》との間に生まれたというのは時代物『蘆屋道満大内鑑《あしやどうまんおおうちかがみ》』がもとになったフィクションで、史実上の晴明は大膳大夫《だいぜんのだいぶ》・安倍益材《ますき》の子として延喜21年（921）に生まれた（淡路守《あわじのかみ》・安倍春材の子とする説もある）。陰陽師になる以前は大舎人《おおとねり》として雑役に就いていたとされるが定かでなく、

**陰陽師**
陰陽道に携わる呪術師。陰陽道とは、古代中国の陰陽五行説を基盤とし、自然科学、天文、暦、呪術などの知識を用いて自然現象を説明したり人間の吉凶を判断する学問。日本では仏教や神道の要素を取り入れ、独自の発展を遂げた。

晴明の名が歴史上初めて登場するのは天徳4年（960）、40歳の頃である。

賀茂忠行《かものただゆき》・保憲《やすのり》父子に陰陽道を学び、陰陽寮に属して天文得業生《とくぎょうしょう》となっていた。天文得業生は見習いの立場だが、晴明は村上天皇の命で占いを行うなど、その占いの才はすでに重用されていたようだ。50歳頃に天文博士となり遅めの出世を果たすと、師であった賀茂保憲が貞元2年（977）に没してからは一気に名声を高めていく。一条天皇、藤原道長ら時の権力者たちから信頼を受け、病に倒れた一条天皇を祈祷したり（『小右記《しょうゆうき》』）、干ばつが続いた折りには雨乞いを行って雨を降らせた（『御堂関白記《みどうかんぱくき》』）などの逸話を残している。

諸国の陰陽師を管理する土御門家の祖となった安倍晴明

**蘆屋道満大内鑑**
竹田出雲作の時代物で、江戸時代に浄瑠璃や歌舞伎で取り上げられた。安倍保名（晴明の父）と蘆屋道満（あしやどうまん）との術比べの話や、白狐が葛の葉姫の姿を借りて保名の子をもうけるという晴明の出生話からなる。

こうして安倍氏は晴明の一代で、自身の師であった賀茂氏と並ぶ陰陽道の大家としての地位を確立した。

その後、晴明は寛弘2年（1005）に85歳で生涯を閉じ、その跡は息子の吉平《よしひら》が継いだ。以降、陰陽寮は賀茂氏と安倍氏の二大勢力が支配するが、平安末期になると政治は荒れ、そこにつけこむように民間出身の陰陽師が増加した。こうした事態に、自分たちの優位性が保てなくなると考えた賀茂・安倍両氏は陰陽道を世襲化。しかし、これによって陰陽道の進歩発展が遅れ、時代にそぐわなくなっていく。

そこに、貴族の時代の終焉と、武士の台頭が重なる。

朝廷の政治力が弱まり、武士が実権を握ると、朝廷の組織に組み込まれていた陰陽師もまた、徐々に政治的力を失っていったのだった。室町時代には公家風の志向を持つ3代将軍・足利義満が陰陽道を重用したこともあった。しかし、陰陽道世襲二家の1つである賀茂家が家督騒動で没落。安倍氏は土御門《つちみかど》家を名乗り、陰陽道を一手に掌握した

---

**安倍吉平（954〜1027）**
安倍晴明の子。藤原道長や歴代天皇の祭儀・祈祷を行って重用される。陰陽博士、主計頭、大膳大夫などを歴任し、陰陽道宗家としての安倍氏の地位を高めた。

**足利義満（1358〜1408）**
室町幕府3代将軍。有力守護を積極的に統制する一方、1392年に南北朝を統一。明との貿易を再開するなど、室町幕府の最盛期をつくりあげた。将軍職を子の義持に譲り、太政大臣となった後も政治の実権を握り続けた。

が、相次ぐ戦乱で室町幕府の権威が失われるとやがて衰退した。さらに戦国時代に入ると、民間に誤ったかたちで流布された陰陽道が怪しい祈祷や根拠のない占術を生んだ。そのため世の混乱を嫌った時の天下人・豊臣秀吉は、民間、朝廷を問わず陰陽師を弾圧したのである。

一転、徳川家康の治世になると、陰陽師の宮廷出仕が再開され、土御門家は幕府から正式に陰陽道宗家として認められている。また、すでに断絶していた賀茂家の分家・幸徳井《こうとくい》家が再興を許された。徳川幕府はこの二家に再び陰陽家として権威を与えることで、全国の民間陰陽師を統括させ、民間信仰を統制しようとしたのだった。

しかし、またしても陰陽道に重大な転機が訪れる。それが明治維新だった。欧米列強に対抗するため近代化を推し進めた明治政府は、陰陽道を近代科学導入の反対勢力になりえる邪魔者と見なした。その結果、明治３年（１８７０）、朝廷にあった陰陽寮は廃止され、その２年後に陰陽道は民間への流布も禁止されてしまった。安倍氏をルーツとする土御門家は、華族令発布によって子爵に叙されたが、その職掌であった天文や暦算は、天文台や海軍へと移管されている。

## 「落魄の老婆」伝説はウソだった女流歌人・小野小町の終末の地とは?

小野小町《おののこまち》は、日本では世界三大美女に数えられ、六歌仙《かせん》、三十六歌仙の一人にも選ばれている平安時代を代表する女流歌人である。

出羽郡司だった小野良真《よしざね》の娘で、現在の秋田県湯沢市小野で生まれたとされているが、確かなことはわかっていない。出生地についても、秋田県ではなく現在の山形県酒田市近辺、あるいは京都府の山科区小野や福島県田村郡小野町など諸説が存在している。小町の実在を示す史料は『古今和歌集《こきんわかしゅう》』に収められた18首の歌しかないのだ。

父とされる小野良真だが、こちらも実在が疑わしく、小町は良真の

---

**古今和歌集**
醍醐天皇の命により、紀貫之、紀友則、凡河内躬恒、壬生忠岑が編纂した日本最初の勅撰和歌集。913～914年頃に完成した。六歌仙や撰者らの約1100首を収め、20巻。奈良時代の『万葉集』と比べ、繊細で技巧的な表現の歌が多い。

父・小野篁《たかむら》の娘ではないかともいわれる。小野氏は遣隋使で知られる小野妹子《いもこ》を祖とする中級貴族で、篁は『和漢朗詠集《わかんろうえいしゅう》』『古今和歌集』などに作品がある優れた歌人だった。

いずれにしても、小町が宮廷にいたことは間違いないようだ。平安時代、女性は実名で呼ばれず父や夫の官職で呼ばれるのが通例だったが、それによると小野小町の「小町」は天皇の更衣《こうい》であることを意味している。更衣とは天皇の妻で、皇后、中宮、女御《にょうご》に次ぐ位置にあたる。『続日本後記《しょくにほんこうき》』には仁明天皇の更衣として「小野吉子《きちこ》」という女性の記述が見えるが、この吉子こそ小野小町ではないかとする見方もある。

晩年を過ごした地についても、さまざまな所伝が残る。先の生

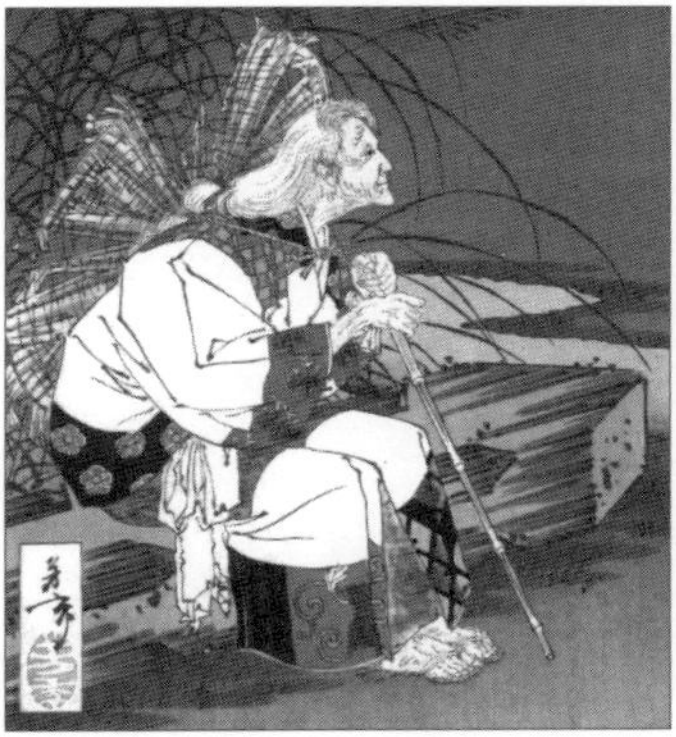

「卒塔婆の月」に描かれた年老いた小野小町
(『月百姿』月岡芳年画)

**小野篁**
(802~853)
小野妹子の子孫で、参議、文人。文章生となったのち『令義解』の編纂に加わる。838年に遣唐副使となったが大使と争って渡航せず、隠岐に流された。詩才を重んじられ、詩文は『経国集』『和漢朗詠集』、和歌は『新古今和歌集』などに収載。

誕地で挙げた秋田県湯沢市小野や京都市山科区小野に戻って最期を迎えたとする説があるほか、栃木県栃木市、愛知県あま市、茨城県土浦市、福島県喜多方市などには東に下っている途中で亡くなったとする小町の墓がある。和歌山県や鳥取県、岡山県、山口県などの西国にも小町が晩年を過ごした伝承が残る地域があり、〝小野小町終焉の地〟は実に20か所に及ぶのだ。

　これら地域では詳しい史料が発見されているわけではないが、そのほとんどに小町ゆかりの史跡がある。秋田県湯沢市小野地区には、小町の元へ百日通《ももよがよ》いした深草少将《ふかくさのしょうしょう》と彼女の墳墓である二ツ森があり、その近くには小町の母の墓とされる姥子石《うばこいし》がある。一方、京都市山科区小野は元来小野氏の根拠地とされており、随心《ずいしん》院には卒塔婆《そとば》小町像や文塚など、こちらにも小町ゆかりの史跡が残っている。

　ちなみに、小町の晩年は落魄《らくはく》した老婆として描かれることが多いが、これは中世以降に流行した謡曲の影響が大きい。その典拠は平安時代後期に著された『玉造《たまつくり》小町《こまち》壮衰書《そうすいしょ》』とされる。同書には貴族から没落して悲惨な境遇になりはてた老婆が登場するが、この老婆が小野小町に結びつけられたのだ。だが、実際は小町との関係はなく、単なるこじつけである。

## 絶海の孤島に一人取り残され悲嘆のままに最期を遂げた僧・俊寛

藤原氏による摂関《せっかん》政治が衰えはじめた平安時代後期、初めて院政を行ったのが後白河《ごしらかわ》法皇である。源平の武士たちと組んだ後白河法皇は摂関家の弱体化を図り、実権を握ると思いのままにワンマン政治を行った。しかし、当初こそ武士を操っていたが、平清盛を中心とする平氏は急速に勢力を増し、次第に法皇を脅かす存在になっていった。

平治元年（1160）、「平治《へいじ》の乱」に清盛が勝利すると、いよいよ平

**院政**
天皇が位を譲った後、上皇や法皇となって実権を握り続け、政治を執り行うこと。白河天皇は1086年に堀河天皇に譲位後、院庁を開いて引き続き政権を担当した。これが院政の始まりといわれる。

氏は「平氏にあらずんば人にあらず」といわれるほどの権力を得る。

朝廷の人事さえ平氏の思うままとなった状況に、後白河法皇は反発した。そして安元3年（1177）、法皇の意を受けた近臣たちが、京都郊外の鹿ヶ谷《ししがたに》で平氏打倒の謀議をめぐらす（鹿ヶ谷の陰謀）。この時、密談の場所を用意したのは、天台宗の僧・俊寛《しゅんかん》だった。

法皇の信任が篤く、法勝寺《ほうしょうじ》の執行《しぎょう》という地位にあった俊寛は、東山鹿ヶ谷にある自身の山荘を提供。後白河法皇の寵臣である西光《さいこう》（藤原師光《もろみつ》）や藤原成親《なりちか》、成親の子の成経《なりつね》、平家でありながら非主流派の立場だった平康頼《やすより》、さらに北面の武士の多田行綱《ただゆきつな》らを加えて具体的な戦略を練ったのだった。

ところが、形勢不利とみた多田行綱が裏切り、鹿ヶ谷での謀議を清盛に密告してしまう。平氏打倒の陰謀は露見し、福原から上洛した清盛は後白河法皇を除く一味を捕え、ただちに処分を下した。西光は死罪、成親は備前に配流である。そして謀議の場を提供した俊寛も、成経、

---

**北面の武士**
院の御所の北面に詰め、院中を警固した武士。白河上皇の時に創設され、法皇に直属した。

**福原京**
1180年、摂津国福原に平清盛が造営した都。清盛の強い意向で遷都されたが、皇族や平家一門の反対もあり、造営の進まぬうちに再び都は京都に戻された。現在の兵庫県神戸市兵庫区一帯にあったとされる。

康頼とともに極南に浮かぶ鬼界ヶ島《きかいがしま》に流されてしまったのだった。

『平家物語《へいけものがたり》』によると、鬼界ヶ島は人がまばらで村落も田畑もなく、常時硫黄ガスが煙る孤島である。とても人が住むような場所ではない。そこで3人は粗末な小屋を建て、貝や岩海苔を食料とし、たまに九州から商人が持ってくる食物と島の硫黄を物々交換して命をつないだ。また、島内の峰を「那智《なち》のお山」と名づけ、毎日熊野詣《くまのもうで》の真似をして都に帰れるように祈りながら日々を送ったという。

すると流刑から1年後、鬼界ヶ島に船が現れる。赦免を知らせる船だった。清盛の娘で高倉天皇の中宮になっていた徳子《とくし》が懐妊したことで、清盛が皇子誕生を祈念して大赦《たいしゃ》を行ったのだ。

しかし、都から2か月かかって島にたどりついた使者が赦免状を読み上げると、そこに名前があったのは成経と康頼の2人だけだった。俊寛の名前はなかったのである。成経と康頼は都に戻れるが、俊寛は許されなかった。2人の乗った船が島を離れようとした時、俊寛は船

**平家物語**
「祇園精舎の鐘の声、諸行無常の響あり」という冒頭の句が著名な、鎌倉時代初期の軍記物語。平氏一門の興亡を主題とし、治承・寿永期（1177～1185年）の源平の戦乱を和漢混交文で描いた。後世の文学に与えた影響も大きい。

にとりついて「これ乗せてゆけ、具して（連れて）ゆけ」と泣き叫んだという。

こうしてひとり、絶海の孤島に残された俊寛。その後は悲嘆のあまり食を断ち、やがて自害したと『平家物語』には記されている。後白河法皇の謀略に巻き込まれた男のあまりに悲惨な最期だった。ただ史実は少し違い、赦免の使者が鬼界ヶ島に到着した時には、俊寛は1人だけすでに死亡していたようである。

それにしても清盛はなぜ俊寛だけを赦免しなかったのか。一説には、清盛は俊寛を引き立てていたという。だからこそ、自分を倒すための謀議の場を提供した俊寛が許し難かったのだろう。

なお、鬼界ヶ島の現在の所在地は、硫黄島《いおうじま》とする説や喜界島《きかいじま》とする説などがあり、薩南諸島のいずれかだと考えられている。事実は不明だが、硫黄島には俊寛の銅像が建てられ、喜界島には彼の墓が残されている。

# 日本にキリスト教を伝えたイエズス会宣教師たちのその後

## 来日2年で渡航したザビエルのその後

日本にはじめてキリスト教を伝えたのは、イエズス会の宣教師フランシスコ・ザビエルである。ザビエルは天文18年（1549）から約2年にわたって布教活動を行ったが、その間キリスト教徒になった日本人は700人程度に過ぎなかった。

やがて日本が中国から多大な影響を受けていることを知った彼は、より多くの信者を獲得するためには中国での宣教が必要と考え、天文20年（1551）に豊後（現・大分県）からポルトガル商船で出帆する。しかし、広東《かんとん》に近い上川島に上陸するも、中国政府から入国の許可は一向に下りなかった。そのうちザビエルは熱病にかかってしまい、日本を発って約1年後、47歳でこの世を去る。遺体はインド・ゴアの

**イエズス会**
1534年にイグナチウス・デ・ロヨラらが創立したカトリック男子修道会。1540年に教皇の認可を受けた。同会士のザビエルが日本に初めてキリスト教を伝えたほか、アジアや新大陸をはじめとした世界各地で布教活動を行った。現在も世界的規模の修道会である。

聖堂に運ばれ、イエズス教会内の銀棺に収められた。

一方、日本では、ザビエルとともに来日したコスメ・デ・トーレスが、ザビエル離日後に日本布教長となり、元亀元年（1570）に天草（現・熊本県天草市）で亡くなるまで宣教活動を続けた。彼は現地の文化を尊重する「適応主義」を掲げ、自身も日本食を食べ、日本の着物を着るなど日本式の暮らしをしながら布教活動を行った。その活動は実を結び、初のキリシタン大名となる大村純忠《すみただ》をはじめ約3万人に洗礼を授け、九州各地や山口でキリスト教を広く浸透させている。

ただ、トーレスの後任として日本に派遣されたフランシスコ・カブラルは、日本人や日本文化に否定的であった。イエズス会きってのエリートだった彼は「適応主義」を否定し、ヨーロッパ至上主義の布教活動を行った。宣教師たちに日本語を習得させようとせず、日本人が司祭になることも認めなかった。織田信長と面会して庇護を受け、九州の大名・大友宗麟《そうりん》に洗礼を授けるなど当初こそ順調に布教活動を進

---

**大友宗麟（1530～1587）**
豊後のキリシタン大名。名は義鎮（よししげ）で、出家して宗麟と号した。毛利家や龍造寺家と勢力を争い、一時は北九州6か国を支配する。ポルトガルとの交易に力を入れ、自身もキリスト教に帰依して洗礼名をフランシスコと称した。1582年には天正遣欧使節を派遣している。

日本の港へ到着した南蛮船と貿易品の荷揚げを描いた『南蛮屏風』（部分）。黒の僧服を着たイエズス会宣教師の姿も見える

めていたが、カブラルの日本人蔑視の姿勢はやがて信徒たちとの間に溝を生じさせることになる。結局、カブラルは布教長を解任され、天正11年（１５８３）に離日した。

## フロイスが著した『日本史』の行方

信長の保護を受けて畿内で布教活動をするかたわら、戦国史研究の重要な資料となる『日本史』を著したルイス・フロイス。彼が来日したのはザビエルの来日から14年後、永禄6年（１５６３）のことである。

フロイスは永禄12年（１５６９）

にはじめて信長に面会し、信長から畿内での布教を許されると、グネッキ・ソルディ・オルガンティノらとともに精力的に活動して多くの信徒を得た。そして、イエズス会から日本教会史の作成を命じられていたフロイスは、信長と行動をともにしながら、日本の社会や政治、経済、宗教、生活風俗などを克明に記して『日本史』にまとめたのである。
　だが天下人が豊臣秀吉に代わり、天正15年（1587）に秀吉が伴《バ》天連《テレン》追放令を発すると、フロイスは畿内から長崎平戸へと追われてしまう。一度は日本を離れてマカオに渡ったが、文禄4年（1595）に再び来日すると長崎にとどまった。しかし、秀吉によるキリシタン弾圧は激しさを増し、慶長元年（1596）12月、秀吉の命令で26人のカトリック信者が処刑される事件が長崎で起きると、フロイスはその一部始終を目撃することになる。そしてその7か月後、『二十六聖人の殉教記録』を最後に残し、長崎で死去した。日本におけるキリスト教宣教のピークを体験したフロイスだったが、晩年に目の当たりに

---

**グネッキ・ソルディ・オルガンティノ（1532〜1609）**
イタリア人宣教師。イエズス会に入り、1570年に来日。フロイスを補佐して布教した。織田信長の信任を受け、安土にセミナリヨ（神学校）、京都に南蛮寺（教会）を設立した。

**伴天連追放令**
1587年、豊臣秀吉が九州平定後に発したキリスト教宣教と南蛮貿易に関する禁令。宣教師（バテレン）を20日以内に国外追放することを命じた。

したのはその弾圧だった。

ちなみに、フロイスが著した『日本史』はローマのイエズス会本部には届けられず、マカオの学院にある倉庫に保管された。しかしその後、その倉庫が火災に遭い、眠っていた原稿も失われてしまった。現在、私たちがフロイスの『日本史』を読むことができるのは、幸いにもその写しがあったからである。

## 歌舞伎を後世に残した出雲阿国の謎に満ちた晩年

日本の伝統芸能の1つである歌舞伎の創始者とされる出雲阿国《いずものおくに》の出生には諸説ある。出雲大社の鍛冶職であった中村三右衛門の娘で、大社本殿修繕のため女たちとともに諸国を巡業しながら勧進《かんじん》したとも、大和地方の歩き巫女《みこ》（遊女的な仕事もこなす）であったともいわれる

**勧進**
寺社や仏像などを建立・修繕するために、人々に勧めて寄付を募ること。

が、いずれにせよ、幼少期から芸を生業にしていたことは確かといえよう。

江戸幕府が開かれた慶長8年（1603）、京で「かぶき踊り」を踊ると阿国は一躍スターダムにのし上がった。女性の阿国が男装をし、女装させた男性相手に舞う姿は都人の間でまたたく間に評判となり、かぶき踊りは空前のヒットとなる。京の四条河原の小屋には見物客が殺到し、押し合いへし合いで川に落ち、溺死する人まで出るほどだったという。その評判は徳川家康の次男・結城秀康《ゆうきひでやす》の耳にも届き、阿国は伏見《ふしみ》城へと度々招かれて踊っている。この頃、阿国は30歳を過ぎていた。

その後、阿国のかぶき踊りは遊女《ゆうじょ》屋で取り入れられ、京や江戸には遊女や女性芸人の一座が次々と現れた。芸は素人ながら、容色に優れた遊女たちの踊りは多くの客を小屋に集める。しかし同時に売春も行われたため、寛永6年（1629）、風紀を乱すという理由で幕府に

---

**伏見城**

京都市伏見区桃山の地に豊臣秀吉が邸宅として築いた城。1594年に築城し、1596年に完成。本丸に5層の天守閣を構え、殿舎は金銀で飾り華麗をきわめた。秀吉の死後、子の秀頼は大坂城を本拠としたため徳川家康が入城した。1623年に家光によって取り壊され、建築物の一部は他の城郭や社寺に移建された。

禁じられてしまう。これ以降、女性がかぶき踊りの舞台に立つことができなくなり、やがて男性の芸能者が女性を演じる今の歌舞伎へとつながっていく。

さて、慶長12（1607）年、江戸城で勧進歌舞伎を上演した後に阿国は歴史上から姿を消す。慶長17年（1612）に京都御所でかぶき踊りが演じられた記録はあるが、阿国の一座かどうかは不明である。

晩年の阿国について、『慶長時記』は慶長12年に駿府で亡くなったとするが、出雲大社の宮司家に伝わる『出雲阿国伝』では出雲に帰って出家したとある。そして智月院と名乗る尼僧になり、85歳で亡くなるまで読経して暮らしたという。

一方、京都で孤独のうちに亡くなったという説もあり、阿国の墓は現在も出雲杵築《きつき》と京都紫《むらさき》野大徳寺《のだいとくじ》の2か所に残されている。とかく出雲阿国の生涯については、いまだ謎が多い。

## 天才発明家の悲しい結末 殺人罪で獄中死した平賀源内

エレキテル（静電気発生機）を見事復元したことで知られる発明家の平《ひら》賀《が》源内《げんない》は、江戸期を通してみても群を抜いた多芸多才ぶりだった。本草《ほんぞう》学や蘭《らん》学を修め、筆名を使い分けて戯作《げさく》や浄瑠璃《じょうるり》を書き、浮世絵では多色刷りの技法を編み出し、コピーライターとして「土用《どよう》の丑《うし》の日」を考えたのも彼である。

だが、世紀の天才は最後にして最大、最悪の失態を犯した。誤解から人を殺してしまい、投獄されたのだ。そして、その時の喧嘩の傷がもとで投獄中に死んでしまう。

安永8年（1779）、武家屋敷の新築を請け負っていた久五郎と丈右衛門という2人の職人の設計図・見積書を見た源内が、「俺だったら半額でできる」と吹っかけたことから2人と口論になった。しかし、

---

**本草学**
植物を医薬にする目的で研究をする中国古来の学問。江戸時代に全盛となり、中国の薬物を日本産のものに当てはめる研究が博物学、物産学へと発展した。

**戯作**
江戸時代後期に流行した通俗小説類をいう。享保（1716〜1736年）以降に黄表紙、洒落本、談義本、読本などが、寛政（1789〜1801年）以降に滑稽本、談義本などが興った。

建築にも精通していた源内が見積書をつくってみせると、本当に半額でできる。「それならばみんなでやろう」と意気投合した3人は宴会を始め、酒を飲んで酔いつぶれてしまった。

翌日、目を覚ました源内だったが、自分が書いた設計図が見当たらず、横には職人2人が寝ている。彼らに設計図を盗まれたと思った源内はいきなり刀で相手を斬りつけたのだった。丈右衛門は手の親指を切られ、久五郎は頭を斬られて逃げたが、傷がもとでまもなく死んでしまう。

平賀源内が復元したエレキテルの複製（国立科学博物館蔵）

ただ、源内の設計図は自分の引き出しから出てきた。誤解と知って切腹しようとした源内だったが、門人たちに止められ、もみ合っているうちに町方に捕らえられて投獄されてしまう。源内が入れられた小伝馬町《こでんま》の牢獄は衛生状態が劣悪だった。そして喧嘩でできた傷から破傷風《はしょうふう》にかかった源内は、投獄から約1か月後の12月18日に獄死したのである。一説には、食事をとらなかったことによる衰弱死ともいわれる。

彼の葬儀は、『解体新書《かいたいしんしょ》』の翻訳者として知られる杉田玄白《げんぱく》によって執り行われた。ただ、罪人として死んだため、源内の遺体は幕府から渡されなかったという。だがそれが、実は源内は死んでおらず、彼を庇護していた田沼意次が夜陰に紛れて江戸から逃したのではないかとの憶測を呼ぶことになった。

**田沼意次（1719～1788）**
9代将軍・家重の小姓から身を起こし、10代将軍家治に取り立てられて側用人、老中へと昇進。幕府の財政を立て直すため、商業重視の政策を断行した。だが、物価が高騰し、賄賂政治が横行したため反感を買い、家治の没後に失脚した。

## あまりの人気ゆえ？　幕府に睨まれ江戸を追放された七代目市川團十郎

大衆文化の興隆は、時の為政者にとってしばしば鼻持ちならないものと見なされた。江戸期、歌舞伎役者や戯作者といった大衆のスターは、風紀・秩序を攪乱する好まれざるものとして、時に厳しい規制と弾圧の対象となった。

幕府の風紀締め付けのとばっちりをモロに受けた役者といえば、七代目市川團十郎《いちかわだんじゅうろう》（五代目市川海老蔵《えびぞう》）その人。江戸歌舞伎を代表する名優として知られる七代目市川團十郎は、五代目團十郎の外孫で、わずか4歳で初舞台を踏んだ。寛政12年（1800）、11歳で七代目市川團十郎を襲名。豪快さと色気を併せ持つ芸風で絶大な人気を博し、歌舞伎十八番の1つ『勧進帳《かんじんちょう》』を初演するなど、荒事《あらごと》の本家として市川宗家の権威をさらに高めた。天保3年（1832）、息子に八代目團十郎を継がせ、自身は五代目市川海老蔵を襲名した。

しかし人気絶頂の天保13年（1842）4月、時の老中首座・水野忠邦《ただくに》が主導した天保《てんぽう》の改革のあおりで、五代目海老蔵は突如として江戸南町奉行所から手鎖《てぐさり》・家主預りの処分を受ける。手鎖とは、両手を

---

**天保の改革**
老中の水野忠邦が、1841〜1843年に行った幕政改革。享保の改革、寛政の改革にならい、倹約を勧め、風紀を正し、都市に出た農民を村に返す（人返し）などの政策をとった。分散していた幕府領の集中を企図し、大名・旗本領を取り上げて代地を与える「上知令」が失敗したことにより挫折。

使えないように鎖をかける罰である。さらに吟味の結果、同6年には江戸十里四方処払い、すなわち江戸追放の処罰をいい渡されてしまう。罪状は奢侈《しゃし》禁止令に抵触する海老蔵の贅沢な私生活、そして舞台上で甲冑などの豪華な小道具を使用したというものだった。贅沢・奢侈を目の敵とする時の政権は、大スターを見せしめに処罰することで、改革の本気度を世間に知らしめようとしたのである。

海老蔵からすれば寝耳に水。江戸の舞台に立つことができなくなった海老蔵は成田屋七左衛門《なりたやしちさえもん》と改名し、成田山新勝寺《なりたさんしんしょうじ》に蟄居した。

しかし、その後の海老蔵は前向きに動いた。駿府を経て大坂にのぼると京都、大津、桑名などで芝居の舞台に立ち、上方演劇と交流する。上方で江戸歌舞伎をアピールするとともに、義太夫狂言《ぎだゆうきょうげん》に代表される上方狂言を自らに取り入れていったのだった。江戸追放という〝禍〟を、芸の練達という〝福〟に見事に転換したといえるだろう。

嘉永2年（1849）に赦免され、翌年江戸に戻った海老蔵は江戸

---

**奢侈禁止令**
贅沢（奢侈）を禁じ、倹約を強制するための法令。江戸時代を通して何度も発令され、特に三大改革（享保・寛政・天保）の時に厳しく取り締まられた。農民の着物の素材を麻と綿に制限したり、町人に対しては紫や赤の着物の着用を禁じるなどしている。

**義太夫狂言**
人形浄瑠璃の戯曲を移入した歌舞伎狂言。義太夫節で劇を進行させるのが特色。

の町人たちに大喜びで迎えられるが、それまでの暮らしが気に入っていたのか、その後も何度か江戸を離れて巡業に出ている。

安政6年（1859）、江戸中村座で『根元草摺引《こんげんくさずりびき》』の曾我《そが》五郎を演じたのが七代目市川團十郎の最後の舞台になった。舞台前に黄色い水を嘔吐するなど明らかに体調を崩しており、それを押して舞台に立ったが、見得を切る見せどころで声が出なくなってしまった。そこで幕が引かれ、七代目市川團十郎の最後の演技は終わったのだった。

## 歌川広重の『東海道五十三次』は東海道を旅せずに描かれていた!?

風景画や美人画で名作を残した江戸時代の浮世絵師・歌川広重《うたがわひろしげ》は、本名を安藤重右衛門《あんどうじゅうえもん》といい、寛政9年（1797）年に火消同心《ひけしどうしん》の子として生まれた。15歳で歌川豊広《とよひろ》の門下生となると、しばらくは火消同心と絵師を両立していたが、27歳の時に家業を養子に譲って絵師に専念。出世作である連作『東海道《とうかいどう》五《ご》十三次《じゅうさんつぎ》』を発表したのは、37歳の時だった。

広重は天保3年（1832）、朝廷に馬を献上する幕府一行について京へ上り、東海道を旅したとされる。彼は旅の往復路で印象に残った風景を描きとめ、江戸に戻るとスケッチと記憶をもとに『東海道五十三次』を制作した。東海道にある53の宿場に日本橋（出発地）と京都（到着地）を足した55枚の風景画は当時の江戸で爆発的な人気を博し、今日も世界的な評価を受けている。

ところが近年、広重は旅をしていなかったのではないか？ 研究によりそんな説が浮上している。広重の風景画には、江戸を離れるにつれて不自然な描写が増え、他人が描いた絵に酷似したものが散見されるというのだ。

例を挙げると、16番目の宿場・蒲原《かんばら》。広重は、この地を雪深い北国

---

**東海道**

江戸時代の五街道でもっとも主要な街道。江戸日本橋から京都の三条大橋に至るルートで、宮（熱田）から桑名へは船で渡るコースをとった。品川～大津まで53の宿場が置かれ、これが「東海道五十三次」と呼ばれた。

のように描いているが、蒲原宿は現在の静岡県静岡市清水区で温暖な地域である。また、従来の記録によれば、御馬献上の一行が旅をした

旅の終着点である京都の三条大橋を描いた歌川広重の『東海道五拾三次之内 京師 三条大橋』（複製）

のは旧暦8月、現在の9月頃だ。季節的にも、広重がここで雪景色を見られたはずはない。あえて違う季節感で描いた芸術とも考えられるが、実際、蒲原の絵は葛飾北斎《かつしかほくさい》の『夜の雪（良美灑筆《りょうびしゃひつ》）』を元にした可能性があるという。

また到着地の京都では、三条大橋を描いているが、実際には石製でなければならない橋桁《げた》が木製になっている。こ

の橋桁が石に変更されたのは1590年頃のこと。絵のとおりであるとすれば、広重は200年前の三条大橋を描いたことになり不自然だ。他にも、洋風画家・司馬江漢《しばこうかん》の画帖や『東海道名所図会《めいしょずえ》』の挿絵などが、広重が転用した元画として指摘されている。

さらに、一介の町絵師である広重が御馬進献という格式高い行列への同行が許されるとは考えにくく、そもそも広重は御馬献上の幕命が下る以前に隠居していたともいわれる。広重の東海道の旅を否定する見方はなお根強い。

だが、だからといって、広重の作品の価値が落ちるものではない。元画のあるなしに関わらず、ダイナミックな構図や鮮やかな色彩は広重独自のものであり、『東海道五十三次』が江戸の庶民を熱狂させ、海外に渡って愛されていることは事実なのだ。

広重は安政5年（1858）年に62歳で死去した。当時流行していたコレラによる病死だったとされている。

---

**司馬江漢（1747～1818）**
鈴木春信門下の浮世絵師となったが、のち写生体の漢画、美人画を描き、さらに交友のあった平賀源内らの影響で洋風画に転じた。前野良沢に師事して蘭学を学び、西洋画法を独学。腐蝕銅版画の製法を修得し、日本最初の銅版画をつくった。主な作品に銅版画「不忍池図」、油絵「異国風景人物図」など。

**名所図会**
江戸後期に刊行された、今でいう旅行ガイドのような地誌。多種類にわたった。各地の名所旧跡、神社仏閣などの来歴や伝説、名物などを挿絵入りで紹介した。

# 歴代徳川将軍のなかでも頭脳明晰だった10代将軍家治が達成した偉業とは？

徳川歴代将軍のなかでも、10代将軍・家治《いえはる》と聞いてピンと来る人はあまりいないだろう。事実、家治は政治の面では目立った事績は残していない。彼の治世は「田沼時代」であった。田沼意次《たぬまおきつぐ》が老中に就任し、株仲間の公認、貨幣の統一、貿易の奨励など重商主義ともいえる政策を次々と断行した。その商業を重視した政策は功を奏し、行き詰まっていた幕府の財政を立て直したが、その間、将軍の家治は田沼ら側近たちに幕政を丸投げしていただけだった。

田沼意次を重用し、「田沼時代」を現出させた徳川家治（徳川記念財団蔵）

**老中**
江戸幕府で常置の職としては最高の職。10万石以下の譜代大名から4～5名選ばれ、町奉行、勘定奉行、大目付などを指図して政務の一切をとり仕切った。

その代わり、家治は趣味の分野で偉業を成し遂げている。彼は無類の将棋好きで、非常に得意だったのである。『徳川実紀《とくがわじっき》』によれば、家治は七段の腕前で、その対戦相手は五代目伊藤宗印《そういん》、のちに八世名人になった大橋印寿（九代目大橋宗桂《そうけい》）、十世名人になった六代目伊藤宗看《そうかん》という名人級の面々だった。さらに『徳川実紀』に「天性鋭敏であったのですぐに奥義を極め、詰将棋の本も書いた。その進歩のめざましさには、将棋師たちも畏れ入った」と記しているように、詰将棋百局集『御撰象棊攷格《ぎょせんしょうぎこうかく》（将棋功格）』を著している。詰将棋を100問考えるというのは、明晰な頭脳を持っていなければ難しい。事実、家治は幼少の頃から聡明だった。

家治は元文2年（1737）、9代将軍・家重《いえしげ》の長男として生まれた。家重は名君と謳われた8代将軍・吉宗《よしむね》の長男であったから、家治は吉宗の孫にあたる。吉宗は暗愚といわれた家重には期待していなかったが、父に似ず鋭敏だった孫の家治のことは寵愛し、自ら帝王学を授け

---

**徳川吉宗（1684〜1751）**
江戸幕府の8代将軍。紀州藩主徳川光貞の四男。曽祖父である初代・家康の治世を理想として「享保の改革」を実行した。自ら質素倹約に努め、新田開発を推進し、武芸・学問を奨励した。多方面にわたる実績を残し、「幕府中興の英主」といわれる一方、米価の調節に執着したため「米将軍」とあだ名された。

た。吉宗のすすめで和漢の典籍を習うと家治はすぐに上達し、剣術、槍術、馬術といった武術もかなりの腕前だったという。

もしかすると、頭脳明晰だったからこそ家治は、田沼意次の政策力を見抜き、重用したのではないだろうか。従来の徳川幕府は、農民だけから年貢を取るシステムにこだわったがゆえ、米価の下落や凶作に左右され、財政難に陥った。だが、意次の重商主義の政策が成功さえすれば、商人たちから恒常的に税を徴収でき、幕府財政はより安定したはずである。

意次は６００石の小身から５万７０００石の大名に引き上げられ、側用人《そばようにん》から老中へと抜擢されたが、そのことが家治の信頼の篤さを物語っている。田沼政治の成功という賭けに勝っていれば、家治もまた、後世まで名君と呼ばれていたに違いない。

天明６年（１７８６）８月25日、家治は50歳で病死した。そして９月８日に喪が発せられたが、そのわずかな間に意次は罷免されている。

---

**側用人**

常に将軍の傍らに仕え、将軍の命を老中に伝え、老中の意見を将軍に取りつぐ任にあたる。定員は1名で、待遇は老中に準じ、将軍から相談を受けることもあったため実権は大きかった。

## ライト兄弟が動力飛行を成功させる百年以上前に空を飛んだ日本人・浮田幸吉

空を飛ぶことは古くから人類の夢だった。

1903年、ライト兄弟が人類初の動力飛行に成功したことはあまりにも有名だが、1890年代にはドイツの航空研究家オットー・リリエンタールが有人滑空飛行を成功させている。リリエンタールは10機以上のグライダーを製作し、自ら5年間で2000回に及ぶ滑空飛行を行った。飛行距離は最長350メートルにまで達し、アーチ型の曲線の翼を備えた彼のグライダーは、ライト兄弟の着想にも大きな影響を与えた。

しかし、リリエンタールが成し遂げる100年も前に、グライダーで空を飛んだ日本人がいた。「鳥人幸吉」こと浮田幸吉《うきたこうきち》である。

幸吉は、備前岡山藩の表具師《ひょうぐし》だった。宝暦7年（1757）に備前国児島郡八浜（現・岡山県玉野市）で生まれたが、７歳で父を亡くすと傘屋に丁稚奉公《でっちぼうこう》に出される。生来辛抱強い性格で、手先が器用だった幸吉はめきめきと上達し、腕を認められて表具屋に引き取られた。

幸吉はゆったりと空を飛ぶ鳥を見るのが好きで、いつしか自分も空を飛びたいという欲求を持ち始める。鳩《はと》や鳶《とび》の飛び方を観察し、また生け捕りにして羽と胴の長さ・重さを測定したり、時には解剖までして翼の構造を研究して記録するようになった。そして鳥の羽と胴の重さの割合を人間にあてはめ、それに相当する翼を作れば、人間も鳥と同じように空を飛べるのではないかと思いついたのだった。

天明５年（１７８５）頃、試作を重ねた幸吉はついに飛行装置を完成させる。竹と縄で骨組みを作ってそこに布と紙を貼り、耐水性のある柿渋《かきしぶ》を塗った、翼長約９メートルのグライダーのようなものだった。幸吉は表具師の技術と知識を飛行装置に役立てていた。表具師は紙や布を貼り合わせて掛け軸や屏風などを仕立てたり、武家屋敷の襖や壁紙を貼る仕事をこなす。幸吉はすでに評判の表具師であり、壁などの寸法を測り、必要な紙の枚数を算出するうちに算数の知識も身につけていたのである。

翼をつけた幸吉は、旭川に架かる高さ10メートルほどの京橋の欄干から飛び上がった。橋の下から吹き上げる風に乗って旋回すると、約10秒にわたって滑空した。飛行距離は「70歩ばかり」、約50メートルだったという。ところが、河原で夕涼みをしていた町民が騒いだため、幸吉は岡山藩士によって捕縛。「人心を騒がせた罪は軽からず」との理由で所払い（追放）とされてしまった（菅茶山《かんちゃざん》『筆のすさび』）。

その後、幸吉は駿河国駿府（現・静岡県静岡市）に移住し、雑貨商や入れ歯を制作する歯科技師を営んで繁盛する。そして晩年も空を飛ぶ夢を捨てず、駿府でも飛行実験を行った。翼を可動式にし、尾翼調整もできるように改良した飛行装置は、現在のグライダーにより近いもので翼幅は12メートル。安倍川の河原から、凧の要領で家族や職人に綱を引かせて飛び上がると、今度は数十秒間、以前より長く上空を滑空した。だが、またしても府中城下で騒ぎとなり、町奉行所に呼び出されて入牢。騒乱罪で駿府から追放されてしまうのだった。

侠客・大和田友蔵の世話で遠江国見附《みつけ》（現・静岡県磐田市）に移住した幸吉は、弘化4年（1847）に91歳の長寿を全うした。磐田市の大見寺《だいけんじ》には、「演誉清岳信士《えんよせいがくしんじ》」と刻まれた幸吉の墓が現存する。

## 幕末維新の志士を愛した女たちの明治以降

### 晩年は酒に溺れた龍馬の妻・お龍

新しい日本を見ることなく坂本龍馬がこの世を去った時、妻の楢崎《ならさき》龍《りょう》（お龍）は27歳だった。龍馬の死後、その遺言に従ってしばらくは長府藩士・三吉慎蔵《みよししんぞう》のもとに預けられていたが、その後土佐の坂本家

明治37年（1904）12月15日付の東京二六新聞に掲載された晩年のお龍

に入る。ただ義兄夫婦との折り合いが悪く、3か月ほどで家を出た。

京都や東京を転々とした後、神奈川宿の田中家で仲居として働いていたお龍は、明治8年（1875）、西村松兵衛という商人と再婚し、「西村ツル」に改名。横須賀で暮らす。しかし、もともと無類の酒好きだったお龍は、晩年はアルコール依存症のような状態だったという。酔っては「あたしは龍馬の妻よ！」と周囲にからみ、松兵衛は愛人をつくって家を出てしまう。

再婚したとはいえ、やはりお龍にとって龍馬の存在は大きすぎたようだ。明治39年（1906）に66歳でこの世を去ったが、神奈川県横須賀の信楽寺《しんぎょうじ》に建てられたお墓には、「阪本龍馬之妻龍子之墓」と刻まれた。

## 桂小五郎を支えた芸妓「幾松」のその後

「維新の三傑《さんけつ》」の一人である木戸孝允《きどたかよし》の妻・木戸松子《まつこ》は、幕末期は「幾松《いくまつ》」の名で知られる芸妓《げいぎ》だった。木戸はこの頃、桂小五郎《かつらこごろう》を名乗っていた。幾松は桂に落籍されたものの、そのまま芸妓を続けている。芸妓として、宴会に訪れるお客から、桂にとって有益になりそうな情報を収集していたのである。

二人が結婚したのは維新後のことで、幾松はいったん長州藩士・岡《おか》部《べ》富《とみ》太郎《たろう》の養女となって「松子」に改名した。しかし木戸は明治10年（1877）、西南戦争の最中に京都で病死してしまう。松子は木戸の死後、ただちに剃髪して「翠香院《すいこういん》」と号し、京都木屋町へ転居。その後は木戸の冥福を祈りながら屋敷で余生を送っ

桂小五郎が3度の改名を経て木戸孝允になると、幾松から改名して正式な婦人になった木戸松子

た。明治19年（1886）4月、胃病により44歳で病死している。

## 夫・武市半平太と辛苦を共にした富子

のちに「土佐勤王党《とさきんのうとう》」を立ち上げる武市瑞山《たけちずいざん》（半平太《はんぺいた》）と19歳で婚姻した武市富子《とみこ》。夫が前藩主・山内容堂《やまうちようどう》によって投獄されるまで、夫婦生活は14年続いた。武市家には土佐藩の志士たちが広く出入りし、そのたびに富子は応対に努めた。坂本龍馬もよく遊びに来たそうだが、尿意を催した龍馬は裸足で庭に駆け下りて小便をしたため、「庭が臭くなる」と絶えず小言をいったとの逸話が残る。

文久3年（1863）に武市が投獄されると、富子はそれから足かけ2年、毎日3食の弁当を作って南会所《なんかいしょ》の牢獄に届けたという。また、畳では寝ずに板の間に寝て、夏は蚊帳をかけず冬は布団を使わずという生活を続けることで、獄中の夫と辛苦を共にした。

慶応元年（1865）に武市が切腹になると、藩命により家禄打ち

---

**武市瑞山（1829～1865）**
土佐藩郷士。通称半平太。剣術にすぐれ、はじめ土佐藩剣術指南となる。江戸で尊皇攘夷派と交わって共鳴し、「土佐勤王党」を結成。公武合体派の土佐藩参政・吉田東洋を暗殺し、一時藩論を尊攘に導いたが、前藩主・山内容堂が公武合体の立場から尊攘派を弾圧。武市も投獄され、のちに切腹を命じられた。

**山内容堂（1827～1872）**
容堂は号で、名は豊信。20歳で土佐藩主となり、

切り、家財没収とされ、富子は城下の長屋に引っ越した。生活は困窮したが、裁縫と羽子板の押絵で生計を立て、細々と暮らしたという。

明治10年（1877）に武市の名誉が回復され、元土佐勤王党・田中光顕《みつあき》の援助を得ると、晩年はのんびり暮らした。大正6年（1917）4月に88歳で亡くなった。

## 高杉晋作の本妻と愛妾の晩年

長州藩の攘夷運動を指導し、奇兵隊初代総督となった高杉晋作には、萩城下随一の美女と呼ばれた妻・高杉雅子《まさこ》がいた。結婚したのは晋作が22歳の時。しかし、国中を飛び回る晋作はほとんど家に居着かず、二人での暮らしは、実質1年にも満たなかったらしい。

晋作ができる限りの時間をともにしたのは、下関の芸妓だったところを身請けした、愛妾のおうのであった。肺結核により29歳の若さで晋作が没すると、彼の墓を守ったのもおうのである。自分の死期を悟っ

---

吉田東洋らを起用して藩政改革を行った。将軍継嗣問題では一橋慶喜の擁立に尽力したが、ことはならず、幕府から謹慎を命じられる。薩長両藩による倒幕の動きが強まると、坂本龍馬らの建策に従い、将軍・慶喜に大政奉還を説いて実現させた。「幕末の四賢侯」の一人。

ていた晋作は、彼女が墓守をする限り、友人の伊藤博文や井上馨《かおる》、山県有朋《ありとも》らが彼女を助けるだろうと考え、遺言したのだった。

その言葉どおり晋作の死後、彼の墓のある場所に山県が所有していた無鄰庵《むりんあん》が移築され、伊藤、井上、山県らの資金で、東行《とうぎょう》庵に改められた。そして、東行庵の庵主となったのが、剃髪して「梅処尼《ばいしょに》」を名乗ったおうのである。その後、梅処尼は「谷」の姓をもらって本名を「谷のぶ」と改め、高杉の菩提を弔いながら東行庵を守った。

ちなみに、本妻の雅子は明治になってから東京で暮らしたが、時折おうのが尋ねるなど、二人には交流があったといわれている。

## 画期的な浮世絵を百点以上も残し、10か月で姿を消した東洲斎写楽の正体

寛政6年（1794）5月、役者の顔や表情を大胆にデフォルメし

た役者絵を発表し、江戸の画壇に突如現れた東洲斎写楽《とうしゅうさいしゃらく》。しかし、写楽はそれから約10か月の間に１４５点余の作品を残すと、表舞台から忽然と姿を消してしまう。

本名、出生地、生没年、素性のすべてが不明。そのため写楽は長らく「謎の絵師」といわれてきた。そしてその正体をめぐって、多くの説が出されてきたのである。

東洲斎写楽が描いた役者絵の代表作『三世大谷鬼次の奴江戸兵衛』（東京国立博物館所蔵品複製）

まず、写楽は有名な絵師の別名ではないかとする見方がある。その候補には葛飾北斎《かつしかほくさい》、喜多川歌麿《きたがわうたまろ》、歌川豊国《うたがわとよくに》、歌舞妓堂艶鏡《かぶきどうえんきょう》、司馬江漢《しばこうかん》といった絵師のほか、戯作者の山東京伝《さんとうきょうでん》や十辺《じっぺん》舎一句《しゃいっく》、歌舞伎役者の中村此蔵《このぞう》などの名前も挙がった。特に葛飾北斎は有力視された。北斎は生

---

**葛飾北斎（１７６０〜１８４９）**
江戸時代後期の浮世絵師。鉄三、春朗、画狂人などたびたび号を変えた。はじめ勝川春章の門人となり浮世絵を学んだが、狩野派、土佐派、西洋画などの諸画法を習得。大胆な構成と色彩の明暗を強調する独特の画風を大成した。役者絵や美人画などあらゆるジャンルに渡り作画したが、特に風景画を得意とし、『富嶽三十六景』がその代表作である。

涯で30回ほど雅号を変えたため、「東洲斎写楽」を名乗った可能性もあり、また北斎が春朗と名乗っていた青年期の役者絵と写楽の描いた絵の細かいタッチがよく似ているというのである。同様に、喜多川歌麿は写楽と耳の表現が似ている点を指摘された。

それから、版元《はんもと》の蔦屋重三郎《つたやじゅうざぶろう》が写楽だったとする説もある。これは、写楽の浮世絵が、すべて蔦屋から発行されていたことを根拠にしている。また、蔦屋は自身の狂歌本に挿絵を書いていたともいわれ、その画力で役者絵を描いたのではないかと考えられたのだ。

そして、写楽の正体としてもっとも有力とされるのが、江戸八丁《はっちょう》堀《ぼり》に住んでいた斉藤十郎兵衛《さいとうじゅうろべえ》という阿波徳島藩お抱えの能役者である。写楽が消えてから50年後の天保15年（1844）、考証家の斎藤月岑《げっしん》が『増補浮世絵類考《ぞうほうきよえるいこう》』のなかで、写楽は「俗称斎藤十郎兵衛、八丁堀に住す。阿州侯の能役者也」とはっきり言及したのだった。蔦屋で仕事をしていた浮世絵師から、実際に聞いた話だという。

---

**喜多川歌麿**
**（1753～1806）**
喜多川派の祖。当初は黄表紙や洒落本などの挿絵を描いた。のち役者の大首絵を美人画に用いて、新様式の美人画を創作。美人画の第一人者となり、多大な人気を博した。代表作に『婦女人相十品』『娘日時計』。

事実、近年になって、江戸の歌舞伎役者・瀬川富三郎が作成した『諸家人名江戸方角分《しょかじんめいえどほうがくわけ》』という文献が見つかり、八丁堀の地蔵橋《じぞうばし》に浮世絵師の「写楽斎」の名前が確認された。さらに、江戸末期に公刊された細見図には、地蔵橋に「斎藤」宅の表記がある。そこで、斎藤家の菩提寺（法光寺）を調査すると過去帳が発見され、斉藤十郎兵衛は寛政６年当時32歳で、確かに八丁堀地蔵橋に居住していたことが判明した。十郎兵衛の近所には国学者・加藤千蔭《ちかげ》が住んでいたこともわかり、加藤は蔦屋と昵懇だったため、加藤を介して十郎兵衛と蔦屋が結びついたことも十分に考えられるのである。

「東洲斎写楽＝斉藤十郎兵衛説」を後押しする根拠は、意外な場所からも出ている。２００８年、ギリシャ・コルフ島の美術館で、扇子に描かれた写楽の肉筆画が発見されたのだ。これまで写楽の作品は版画しか伝わっていなかったが、肉筆画であれば絵師の個性がはっきりと残る。国際学術調査団が色使いや筆使い、さらに朱筆の花押などを詳細に分析したところ、写楽の真筆と鑑定された。そして、その肉筆画のタッチは、北斎や歌麿など、これまでに写楽ではないかとされたどの絵師とも異なっていたのである。

これらのことから、現在では、東洲斎写楽は斎藤十郎兵衛だったと見るのがもっとも自然だとされる。それでは、なぜ写楽はわずか10か月余りで画壇から姿を消したのだろうか？

写楽の役者絵はデフォルメや歪曲が極端すぎたため、モデルになった役者やそのファンから不評を買い、クレームが原因で雲隠れしたといわれる。また、もし写楽が阿波藩の斎藤十郎兵衛だったとすれば、当時、武士階級は副業が禁じられていた。もし副業がばれれば、藩からの処罰や解雇は免れない。彼はそれを恐れてわずかな期間で筆を折ったとも、実際に副業がばれてしまい自害させられたのではないかともいわれているのである。

# 第6章

## 数奇な運命をたどった
# モノ・コト・場所の「行方」

# 西洋の印刷技術を取り入れるもわずか9年で消えた明治通宝

明治維新後、新政府下で通貨制度は混乱していた。

新政府が成立した当初、新政府は太政官札《だじょうかんさつ》や民部省札《みんぶしょうさつ》などを発行していたが、幕藩時代の金銀銭貨や藩札もそのまま流通していたのだった。そのため、複数あった通貨間の交換比率は複雑化するばかり。さらに偽造紙幣が多く出回り、新政府は一刻も早く通貨制度を整理する必要性に迫られた。

そこで明治4年（1871）、政府は通貨を統一すべく「新貨条例」を制定する。金貨を貨幣の基本とし、単位はそれまでの「両・分・朱」から10進法の「円・銭」に改められた。さらに明治5年（1872）、明治政府は流通していた旧紙幣をすべて回収するとともに、新紙幣の発行に踏み切る。

---

**太政官札**

1868年に明治新政府が発行した最初の紙幣。額面は十両、五両、一両、一分、一朱の5種類。金と交換できない不換紙幣だった。戊辰戦争の戦費調達のため政府は増刷を繰り返し、価値は大きく下落していった。流通は困難をきわめ、流通しない地域さえあった。

**民部省札**

1869年に民部省が発行した小額紙幣。太政官札は1両以上のものが多く、民間での取引に不便だったために発行された。

当時の日本には技術がなかったことから、原版の製造はドイツ・フランクフルトの印刷業者に依頼された。そうして、日本で初めて西洋の印刷技術を取り入れられて完成した新紙幣が「明治通宝《つうほう》」である。

明治通宝は、上部に2羽の鳳凰と額面、下部に2匹の龍と「明治通宝」の朱文字があしらわれた縦型の紙幣だった。百円、五拾円、拾円、五円、二円、壱円、半円、二十銭、十銭の9種があったが、このうち百円と五拾円は、当時としては非常な高額券であったため、ほとんど発行されていない。

人々は西洋風でしゃれたデザインのこの新紙幣を、ドイツでつくられたことから「ゲルマン紙幣」の愛称で呼んだ。

ドイツの民間工場で印刷されたことから、「ゲルマン紙幣」とも呼ばれた明治通宝

二分、一分、二朱、一朱の4種類があった。

明治政府によって旧紙幣との交換が進められると、やがて新紙幣は全国に普及した。しかしそれにつれ、明治通宝には欠陥があることが判明する。

まず明治通宝の洋紙は、湿気によって変色しやすく、破れやすかった。また、百円と五拾円、拾円と五円、二円と壱円がそれぞれ同一寸法だったため、低額面から高額面への変造が多発し、偽札が横行してしまう。明治12年（1879）には、国庫から二円札の贋札が相次いで見つかり、それが藤田財閥や元老の井上馨を巻き込んだ「藤田組贋札事件」へと発展した。

結局、政府は明治14年（1881）にデザインを一新した改造紙幣を発行。明治通宝は回収された。新時代到来の象徴だったゲルマン紙幣は、わずか9年で姿を消したのだった。なお、改造紙幣は日本で初めての肖像画入りだったが、その肖像は神功《じんぐう》皇后である。

---

**神功皇后**
『古事記』『日本書紀』に見える仲哀天皇の妻。伝説の人物とされ、仲哀天皇の没後、懐妊したまま新羅征伐を行い、百済・高句麗を帰服させた。凱旋ののち、筑紫の地で応神天皇を出産したという。

# 『万葉集』にも望郷の歌が残される「防人」の制度はどうなった?

天智2年(663)の「白村江《はくそんこう》の戦い」で唐《とう》・新羅《しらぎ》の連合軍に敗れたことを受けて、その翌年、日本では大陸からの反撃への備えとして九州沿岸に兵士を派遣した。それが「防人《さきもり》」である。

『日本書紀』によれば、防人の制度が定められたのは大化2年(646)。孝徳天皇が打ち出した新しい政治方針「改新の詔《みことのり》」で示された制度の1つである。全国各地から兵士を徴発し、太宰府《だざいふ》の管理のもと、3年交代で九州の防備にあたるものとされた。

しかし実際には、防人として主に集められたのは人口の多い東国の出身者たちだった。彼らは故郷から遠く離れた壱岐《いき》・対馬《つしま》・筑紫《ちくし》といった任地に送られたが、行き帰りの旅費や武器の調達費、さらには日々の食費まで自前である。そのため任地では本土防衛にあたる一方、田

**白村江の戦い**
663年、白村江での、日本・百済連合軍と唐・新羅連合軍との戦い。唐と新羅の軍に侵略された百済救援のため、日本は朝鮮半島の白村江に軍を進めたが大敗し、百済は滅亡。日本の朝鮮進出政策は挫折し、対外政策の変更を余儀なくされた。

畑を耕す自給自足の生活を強いられた。さらに3年とされていた任期が守られないことも多かった。家族と離れ、長く苦しい任務に就いた彼らが詠んだ歌は「防人の歌」として『万葉集』にも残されている。東国の言葉を使って、望郷の念をしたためたものである。

とはいえ、そんな防人も、天平元年（757）には九州からの徴用となった。九州から遠い東国からの徴兵には兵士の逃亡を防ぐ目的もあったのだが、それ以前に兵士たちの負担が重く、士気が低かったのが変更の一因とされる。こうして東国出身の兵たちは防人の任務から解放され、故郷に戻ることが可能になった。

だが、実際には、東国に帰る兵士のほとんどが故郷の土を踏むことはなかった。旅費の支給もなく、付き添いもなかったため、旅の途中で行き倒れになったのだ。また、九州に土着した者も多かったようで、佐賀県唐津市の中原遺跡からは、甲斐国（現・山梨県）出身の兵士が存在していたことを示す8世紀末の木簡《もっかん》が出土している。8世紀末と

---

**東国**
畿内から見て東方にある地方の意。古代では北陸を除く近畿以東の地域。平安時代になると限定され、足柄山と碓氷峠以東の諸国、関東地方を指すようになった。

いえば、すでに東国からの徴兵をやめていた時期である。

その後防人の制度は、延暦14年（795）に壱岐・対馬を除いて廃止され、平安時代に入ってまもない天長5年（828）には制度そのものが廃止された。防人制度は選士《せんし》・衛卒《えいそつ》制へと移行していくことになる。約200年続いた防人制度だったが、その間、外国からの侵攻は一度もなかった。

## 蝦夷征伐で名を馳せた坂上田村麻呂が清水寺を建立した経緯とは？

鎌倉・室町・江戸の武家政権において、その最高権力者が就いていた征夷大将軍《せいいたいしょうぐん》。「征夷」は「蝦夷《えみし》を征討する」という意味で、本来の征夷大将軍は臨時で編成される蝦夷遠征軍の指揮官を指していた。初代征夷大将軍は延暦13年（794）に任ぜられた大伴弟麻呂《おおとものおとまろ》だが、

**選士**
徴用ではなく、豪族の子弟から選抜された兵士。太宰府に属し、国防・警備の任にあたった。

**蝦夷**
朝廷に服属せず、抵抗した人々。北関東から東北、北海道にかけて居住した。「えぞ」とも読む。

その権威を高め、そして決定づけたのは坂上田村麻呂《さかのうえのたむらまろ》だといっていい。『群書類従《ぐんしょるいじゅう》』内の『田邑麻呂伝記』によれば、田村麻呂は身の丈5尺8寸（約176センチ）、胸の厚さ1尺2寸（約36センチ）、体重は重い時で201斤（約120キロ）という当時としてはかなりの大男だった。目は蒼く、鬢は黄金色だったとされ、そのため海外には「田村麻呂が黒人だったのではないか」とする研究者もいるほどである。

延暦13年（794）、10万の兵を率いて弟麻呂が奥羽地方へ出征すると、田村麻呂は副将（征東副使）として従軍し、最前線で指揮をとって大きな戦功を挙げた。その3年後には、今度は征夷大将軍として4万の兵を率い、胆沢《いさわ》地方（現・岩手県奥州市）に進軍。胆沢城を新たに築いて蝦夷討伐の拠点とし、蝦夷の頭領・阿弖流爲《アテルイ》を降伏させた。阿弖流爲は副将の母礼《モレ》とともに田村麻呂に従い京に送られたが、田村麻呂の助命嘆願にも関わらず、河内国で処刑されたと伝わる。

田村麻呂は東北地方だけでなく、京でも活躍した。平城《へいぜい》上皇が寵姫

---

**群書類従**
国学者の塙保己一が中心となり、諸国に存在した文献1270種を編集し、25部に分類した叢書。古代から近世初期までの国書が収められ、530巻666冊からなる。幕府などの援助を得て、1819年までに完成した。

**阿弖流爲（?～802）**
8世紀後半、陸奥国の北上川流域を支配した蝦夷の頭領。789年に征東将軍・紀古佐美（きのこさみ）の遠征軍を大敗させたが、その後新たに派遣された坂上田村麻呂の遠征軍には敗退。副将格の母礼や平氏500名とともに投降したと伝わる。

の藤原薬子《くすこ》らとともに嵯峨天皇と抗争した「薬子の変」では、田村麻呂は嵯峨天皇方につき、平城上皇方の面々を捕縛するなどして混乱を収束させた。また、京都の観光地として有名な「清水寺《きよみずでら》」を建立したのも田村麻呂である。

京都でもっとも有名な観光名所の１つである清水寺。開基が延鎮、建立が坂上田村麻呂と伝わる（京都府京都市東山区）

これは田村麻呂が征夷大将軍になる前の伝承で、宝亀11年（780）、鹿の狩りで音羽山《おとわやま》に入り込んだ田村麻呂は、僧の賢心《けんしん》（のちの延鎮《えんちん》）に出会い、殺生を戒められた。田村麻呂は聖なる地で殺生をしようとしたことを深く反省し、改心して妻とともに観音に帰依する。そして、自邸を仏殿として寄進し、そこに本尊を祀ったのが清水寺の始まりとされる。

**藤原薬子**
**（？〜810）**
藤原種継の娘。平城天皇の妃の母だったが、天皇の寵愛を受けた。平城天皇が嵯峨天皇に譲位後、兄の藤原仲成らとともに嵯峨天皇を廃し、平城上皇の復位を企てたが、失敗。自殺した。

それゆえ清水寺では、開山を延鎮、建立を田村麻呂と位置づけている。

平成6年（1994）には清水の舞台の東側に「阿弖流爲 母禮之碑」が建立され、現在も田村麻呂と阿弖流爲、そして田村麻呂と清水寺との縁を垣間見ることができる。

## 弟の祟りが恐い？ 桓武天皇が平安京への遷都を急いだ本当の理由

奈良時代の終わりに即位した桓武《かんむ》天皇は、奈良時代の都である平《へい》城《じょう》京の最後の天皇でもあった。その後天皇は、長岡《ながおか》京、平安《へいあん》京と2度の遷都を行っている。だが、長岡京から平安京に都が遷されたのはわずか10年後のこと。莫大な費用と労力をかけてまで、なぜ桓武天皇は平安京への遷都を急いだのだろうか？

桓武天皇の最初の遷都、奈良の平城京から山城（現・京都府）の長岡京に遷ったのは、即位からまもない延暦3年（784）のことだった。既存の仏教勢力や貴族勢力を遠ざけるため、人口が増えすぎたため、また平城京の生活排水が深刻な衛生問題になっていたなどの理由がある。ところが、長岡京はまだ完成もしていない段階で捨てられてしまう。長岡京に遷ってから10年後の延暦13年（794）に、桓武天皇は平安京への遷都を決断したのだった。

そのきっかけは、延暦4年（785）に長岡京の造営責任者である藤原種継《たねつぐ》が何者かによって暗殺されたことにあった。種継は桓武天皇が親任していた寵臣で、そもそも長岡京遷都は種継の提案だった。

暗殺の首謀者はすぐに判明する。大伴継人《おおとものつぐひと》、大伴竹良《たけら》ら数十名が捕らえられ、そのなかには事件直前に病死していた歌人・大伴家持《やかもち》の名前もあった。さらに黒幕として浮かび上がったのは、桓武天皇の弟で皇太子でもある早良《さわら》親王である。事件の関係者には斬首刑や流刑など厳しい処罰が下され、早良親王も無罪を主張したが受け入れられず、

---

**平城京**

現在の奈良市西方にあった奈良時代の都。710年に元明天皇が藤原京から遷都して以降、784年に桓武天皇が長岡京に遷るまで繁栄した。唐の都・長安にならってつくられ、東西4・3キロ、南北4・8キロ。碁盤の目のように整然と区画され、中央北端に平城宮が置かれていた。

淡路《あわじ》へ配流されてしまう。早良親王は絶食してまで無罪を訴え続けたが、淡路へと移送される途中で死去した。

こうして種継暗殺事件には幕が下ろされたが、その後桓武天皇には次々と悲劇が襲いかかった。延暦7年（788）に妃の藤原旅子《たびこ》が亡くなると、翌年に天皇の母・高野新笠《たかののにいがさ》が、翌々年には皇后の藤原乙牟漏《おとむろ》が相次いで崩御する。さらに畿内では疫病が流行し、飢饉や洪水が次々と起こった。延暦11年（792）には、早良親王に変わって皇太子となった安殿《あて》親王まで重い病に倒れてしまう。

安殿親王の重病を受けて、桓武天皇が陰陽師《おんみょうじ》に占わせると原因は「早良親王の祟り」だという。この時代、祟りや怨霊は何よりも恐ろしいものとして信じられていた。怯えた桓武天皇は加持祈祷を行ったが、事態は全く好転しない。そこで、不吉な長岡京を捨て、平安京への遷都を決めたのだった。

新しい都へ遷ると長岡京は解体され、次第に田園へと姿を変えていった。宮殿跡は地中に没したため、1950年代に発掘調査が行われる以前は「幻の都」と呼ばれていた。

平安京はその後も日本の都として栄え、京都として今日に至っている。平安京の名称が京都に変わったのは、院政《いんせい》期の頃のようである。政治が平安京の外にある院の御所で行われたため、両者の総称としての京都の呼称が次第に定着していったとされている。

## 奥州藤原氏を滅ぼした後、源頼朝は東北地方をどうした？

平安時代末期、東北地方では陸奥《むつ》国平泉《ひらいずみ》を根拠地とする奥州藤原《おうしゅうふじわら》氏《し》が勢力を強めていた。

その祖である藤原清衡《きよひら》は、朝廷に対して奥州の特産物である砂金や馬などの貢物を欠かさず、朝廷が彼らの奥州支配を容認するよう絶え

**院政期**
平安後期の白河・鳥羽・後白河3代の上皇による院政が行われた時代。

ず働きかけた。政治的中立を守りながら、奥州17万騎といわれる強大な武力を持つに至った奥州藤原氏は、清衡の代でその勢力範囲を現在の東北地方全体に匹敵するほどに拡大したのである。清衡が没すると、その跡を子の基衡《もとひら》が、さらにその跡を基衡の子の秀衡《ひでひら》が継ぎ、奥州藤原氏は三代、約100年にわたって栄華を誇った。

しかし3代当主・秀衡の後、家督を継いだ4代・泰衡は器量がなく、平泉に保護していた源義経を源頼朝の巨力に屈して殺害。すると、その義経殺害を口実に、奥州を支配下に置こうとした頼朝に攻められてしまう。こうして「奥州征伐（合戦）」は始まった。

文治5年（1189）、攻め寄せる頼朝軍を泰衡は阿津賀志山《あつかしやま》（現・福島県伊達郡国見町）で迎え撃つが、異母兄・藤原国衡《くにひら》が討たれると泰衡軍は一気に瓦解。退却を余儀なくされた。その後、泰衡は平泉を捨てて北上し、比内《ひない》の郎党の河田次郎《かわだのじろう》を頼るが、裏切られて殺害されてしまう。この泰衡の死で奥州藤原氏は滅亡し、奥州の支配権は頼朝

---

**奥州征伐**

1189年、源頼朝が全国統一を完成させた、最後の戦い。頼朝を脅かすほどの大勢力となっていた奥州藤原氏を討とうと考えた頼朝は、弟の義経を匿ったことを口実に、藤原泰衡追討の勅命を得て平泉を攻めた。『吾妻鏡』によれば、頼朝は28万4000騎の大軍を率いて泰衡軍を全滅させたという。奥州藤原氏は滅亡した。

に移ることとなった。

そして、奥州藤原氏の領国は奥州征伐で勲功のあった家臣たちに配分される。

主なところでは、石那坂《いしなざか》の戦いで泰衡の郎従・佐藤基治《もとはる》を討った常陸《ひたち》入道《にゅうどう》念西《ねんさい》は、陸奥国伊達《だて》郡を拝領した。伊達郡に下った常陸入道はのちに伊達姓を名乗り、〝独眼竜政宗〟を生むことになる戦国大名・伊達家の祖となった。頼朝の本陣に従軍して戦功を挙げ、陸奥国糠部《ぬかのぶ》郡を拝領した南部光行《なんぶみつゆき》は、その末裔が戦国大名・南部家へと成長。戦国時代の南部家は晴政《はるまさ》のもと、「三日月の丸くなるまで南部領」と謳われる最盛期を築く。浜街道を北上し、勲

平泉で強大な勢力を誇った奥州藤原氏。その栄華を象徴する中尊寺（岩手県西磐井郡平泉町）

**常陸入道念西**
**（?〜?）**
鎌倉幕府の御家人で、4人の息子とともに奥州征伐に従軍し、石那坂の戦いで戦功を挙げた。戦後、源頼朝から陸奥国伊達郡を与えられ、以後伊達氏を称した。伊達宗家初代当主・伊達朝宗と同一人物とされるが、未詳である。

功を挙げた千葉常胤《つねたね》は、陸奥国宇多《うだ》郡・行方《なめかた》郡を拝領し、のちの相馬《そうま》氏の祖となっている。

戦国時代に奥州の覇権を争った東北地方の戦国大名は、奥州藤原氏滅亡後、この地に根を張った御家人の流れを汲んでいるのである。

## 板東に散った荒ぶる新皇 平将門の首塚にまつわる怨念とは？

関東を支配下に治めて自らを「新皇《しんのう》」と名乗り、朝廷に叛旗を翻した平将門《たいらのまさかど》。

将門は天慶《てんぎょう》3年（940）に朝廷の追討軍に敗れて討ち死にし（承《じょう》平天慶《へいてんぎょう》の乱）、その首ははるか平安京まで運ばれた。七条河原で晒された将門の首は、まるで生きているかのように目を見開き、歯ぎしりをしているようだったという。その後、将門の首はもらい受けた人々

**承平天慶の乱**
承平・天慶年間（931〜947）に関東の平将門の乱と、瀬戸内海の藤原純友の乱がほぼ同時に起こったため、この2つ

によって武蔵国豊島郡芝崎村の観音堂に埋葬された。伝説では、晒されていた首が3日目に夜空に舞い上がり、故郷の方角に向かって飛んでいった。その首が落ちたのが武蔵国の芝崎村で、村の人々はその首をねんごろに葬って首塚をつくったとされる。

以降、この地には長らく将門の首塚が鎮座することになった。そして「将門の怨念」といわれる伝説が現在へと引き継がれていく。

高層ビルが立ち並ぶオフィス街の一角に建つ平将門の首塚（東京都千代田区大手町）

中世になると、武蔵国豊島郡は江戸氏の勢力下に入った。しかし、将門の首塚を荒廃させると地域に災いが起こったため、江戸氏はそれを「将門の怨念」と考え、鎮守社を建立して鎮魂した。やがて徳川家康が東国入りし、江戸の町が開かれると、この土地は家康の重臣・酒井家の屋敷地となった。

---

の反乱を合わせて承平天慶の乱という。この2つの反乱は律令国家体制を大きく動揺させたとともに、地方武士の台頭を予感させた。

江戸氏が建てた鎮守社は湯島へと移されたが、首塚は酒井邸の庭にそのまま残されたという。

そして明治維新後、酒井邸の跡地には大蔵省庁舎が建てられ、将門の首塚は庁舎の中庭にあった。ところが、大正12年（１９２３）９月の関東大震災で庁舎が焼失し、首塚は倒壊してしまう。政府はこれを機に首塚を撤去し、跡地に大蔵省の仮庁舎を建てることにしたが、ここで事件が起こる。工事関係者や大蔵省の職員10数名が、原因不明の病によって相次いで死亡してしまったのだ。大蔵省では一連の災難は「将門の怨念」によるものと考えられ、神田明神の宮司によって将門の鎮魂祭を行うとともに、仮庁舎を撤去し、将門の首塚を復元するに至った。

さらに将門没後千年目にあたる昭和15年（１９４０）には、大蔵省庁舎に雷が落ち、火災のために全焼。これは太平洋戦争が開戦し、首塚を疎かにしたことが原因といわれ、大蔵省は再び鎮魂祭を催し、首塚に古跡保存碑を建立している。終戦後も将門の祟りは続き、ＧＨＱによって首塚周辺の区画整理が行われるなか、将門の首塚を排除しようとすると重機が横転し、運転手が死亡。工事は中止となった。

将門の首塚は「将門塚《しょうもんづか》」と呼ばれる旧跡として、現在も東京都千代田区大手町にある。ビジネスマンが多く行き交うオフィス街のど真ん中だ。昭和46年（１９７１）に東京都指定文化財となってからは、清掃や整備が行われ、献花や線香が欠かされなくなっている。

## 信長と11年間戦い続けた一向宗の本山 石山本願寺のその後

天下布武を掲げる織田信長に対して、長きにわたって激しく抵抗したのが一向宗《いっこうしゅう》の門徒たちだった。一向宗とは浄土真宗本願寺《じょうどしんしゅうほんがんじ》教団を指し、本山は石山本願寺、当時の法主は11世の顕如《けんにょ》である。信長は元亀元年（1570）から天正8年（1580）にかけての実に11年間を石山本願寺との戦い、世にいう「石山合戦」に費やしたのだった。「阿弥陀如来《あみだにょらい》はすべての人々を救う、そのために人の区別はない」という一向宗の教えは、戦乱に巻き込まれ苦しい生活を強いられていた農民層を中心に、商人や武士階級にまで広まり、急速に信徒を増やしていた。やがて巨大勢力に急成長した一向宗は、武装して各地で「一向一揆」を起こし、独自の自治組織となって戦国大名や他の宗教勢力に対抗した。

当時の一向宗の本山である石山本願寺は、摂津国の大坂にあり、堀や石垣を築き、塀や柵を構えるなど堅固な城郭をなしていた。寺城を広げて寺内町《じないまち》を形成し、交通の要衝であったことから次第に新興の商工業者も移り住むようになった。信長が石山本願寺を攻めたのも、経済的な要地だった大坂を欲しがったからというのが通説になっている。

元亀元年、信長が一向宗の石山本願寺からの退去を要求すると、こ

---

**顕如（1543～1592）**
本願寺11世。門徒による一向一揆を掌握し、織田信長との石山合戦を主導した。講和後は紀伊に退去したが、信長への対応をめぐって長男の教如と対立。のち豊臣秀吉から京都堀川の地を寄進され、京都に本願寺（西本願寺）を再興した。

れを拒絶した顕如は門徒に蜂起を命じて信長を攻撃。とうとう石山合戦が幕を開けた。開戦と同時に門徒衆は伊勢長島《ながしま》で大規模な一揆（長島一向一揆）を起こし、さらに越前や加賀など各地で蜂起したため、戦線は広範囲に展開した。また顕如は、越前の朝倉義景《あさくらよしかげ》や近江の浅井《あざい》長政《ながまさ》、安芸の毛利輝元《もうりてるもと》や甲斐の武田信玄《たけだしんげん》らとも密かに結び、信長を包囲しようと画策した。

しかしながら、織田軍が各地の一揆を鎮圧して、浅井・朝倉氏を滅ぼし、長篠《ながしの》で武田氏を破ると、次第に石山本願寺は孤立していった。そして天正8年、合戦を優勢に進めた信長は、朝廷に働きかけて石山本願寺と和議を結ぶことを決意。籠城していた顕如も和睦を受け入れるかたち

石山本願寺のあった上町台地には豊臣秀吉によって大坂城が築かれた。ただし現在の「大阪城」は、徳川秀忠の命によって再建されたものである（大阪府大阪市中央区）

で降伏し、石山本願寺を退去して紀州の鷺森《さぎのもり》に落ちた。なお、顕如の息子・教如《きょうにょ》は和議に反発し、寺を占拠したが、天正10年（1582）8月に朝廷の斡旋で決着がつくと明け渡している。

さて、その後の石山本願寺だが、教如が退去した直後に炎上し、3日間燃え続けてすべてが灰になってしまった。原因は失火とも、教如の指図による放火ともいわれるが、織田軍の激しい攻撃を受けても不落だった城郭は、火災によって地上から姿を消したのである。

後年、その跡地には、天下人となった豊臣秀吉によって大坂城が築かれた。信長の側で仕えていた秀吉は、この地が軍事面でも交易面でも重要な場所であることを知り抜いていたのだ。こうして、三方を河川に囲まれた丘陵地に建てられた大坂城は、大坂夏の陣で落城するまでの約30年間「難攻不落の要塞」として天下に睨みを利かせることになった。

---

**教如（1558～1614）**
顕如の長男で本願寺12世。石山本願寺開城をめぐって顕如と対立し、1580年4月の顕如退去後も籠城を続け、8月に退去した。顕如の死後に本願寺12世を継いだが豊臣秀吉の命で隠退。1602年、徳川家康の寄進を受けて京都烏丸に東本願寺を別立し、以後本願寺は東西二派に分かれた。

## 死人も盗みもなし！　平和的マナーが守られた江戸の「打ちこわし」

江戸時代中期以降、凶作による米不足、そして商人の買い占めによる米価の値上がりは、都市の下層民の生活を直撃した。生活が苦しくなった彼らは江戸や大坂の町で暴動を起こす。米屋、酒屋、高利貸しなどを襲った「打ちこわし」だ。

打ちこわしは百姓一揆と混同されることも多いが、百姓一揆が百姓によって農村部で起こされたのに対し、打ちこわしは都市において町人、百姓らによって行われた。またその理由も異なり、百姓一揆は領主に対して年貢の減免や代官の交代などを要求したが、打ちこわしはあくまで米価の値下げを求めた。

さらに違っていたのは、打ちこわしには「マナー」とも呼ぶべきルールがあったことだ。農具を手にして役人を殺したり領兵との武力衝突も辞さなかった百姓一揆とは反対に、打ちこわしでは人身の殺傷行為はしない原則があった。ゆえに、暴動でありながら、打ちこわしでは死人が出ていないのだ。これは意外と知られていない事実だろう。

大規模な打ちこわしといえば、天明《てんめい》年間の大飢饉に端を発した「天明の打ちこわし」がある。冷害、洪水、浅間山の大噴火などが相次いだ天明2年（1787）からの7年間、全国的な大凶作が続くと、各地で餓死者が続出した（天明の大飢饉）。犬猫から雑草、松の甘皮まで食料になりえるものは取り尽くされ、その果てには人の屍肉をすすり、犬の肉と偽って人肉が売られる惨状だったという。杉田玄白《げんぱく》が著した『後《のち》見《み》草《ぐさ》』には、地獄絵さながらの光景が記録されている。

ところが商人たちは飢えた人々に施すどころか、米を買い占め、売り惜しみ、人為的に米価を高騰させて莫大な利益を得ようとした。

米の買い占めを知った庶民たちの怒りは爆発する。市中の商家を取り囲んで米を安く売るように抗議し、それが受け入れられないと家屋

---

**杉田玄白（1733～1817）**

江戸時代中期の医師で蘭学者。若狭小浜藩医であった父の勧めでオランダ医学を学んだ。前野良沢らと蘭語訳の解剖書『ターヘル・アナトミア』を4年かけて翻訳。1774年にこれを『解体新書』として出版した。学塾天真楼を開いて大槻玄沢ら門人を育成し、蘭学の発達に貢献した。

や家財を破壊したのだ。天明7年5月10日、大坂木津村の米屋が打ちこわされたのを皮切りとして、天明の打ちこわしは主要都市を中心に全国30か所へと波及した。

とりわけ江戸の打ちこわしは激しいものだった。だがそれでも、打ちこわしに参加した下層民たちは、規則正しく行動するのが常だった。まず商家をいきなり襲ったりせず、蜂起するにもやり方があった。打ちこわそうと狙いをつけた米屋の名前を騙《かた》り、「何日何時より米の安売りをする」という貼り紙を市内方々に勝手に貼り付ける。すると、その時刻に大勢の窮民たちが米屋に集まり、何も知らない米屋と窮民たちは押し問答となる。それが喧嘩となり、ついには打ちこわしに発展するよう仕組んだのだった。

そして、いざ打ちこわしとなるとルールはより厳格になった。武器を持とうとも決して人身を殺傷しない。また、騒ぎに便乗して略奪行為をしない。家屋を破壊する際には、火災を起こさないように注意した。鎮圧のために出動した役人は、死人が出ず、米一俵も盗まれなかったその様子を「まことに丁寧礼儀正しく狼藉《ろうぜき》つかまつり候」と書き残している。

これは厳罰を逃れるための戦術でもあったのだ。江戸時代の刑罰は非常に重く、殺人や放火を犯した者は処刑され、親族も連座は免れなかった。徒党を組むことも御法度である。そこで、打ちこわしを行った町人たちは、打ちこわし行為を米屋と民衆との「私的な喧嘩だった」とのちに申し開きができるように、マナーを厳守したのである。

江戸の町人たちは、非常時でも実にしたたかだったのだ。

## 幕末に武装中立を唱えた河井継之助のガトリング砲の行方

日本が新政府軍と旧幕府軍に分裂して激突した戊辰戦争。北陸の越後長岡藩は、大政奉還後も「徳川家への忠誠」という従来の藩是を維持しつつ、着々と迫り来る新政府軍を前に懊悩《おうのう》する。長岡藩は7万4000石の小藩である。恭順か、抗戦か…しかし長岡藩が選んだのはそのどちらでもない、「獨立特行《どくりつとっこう》」の道だった。二つに割れる藩論を、独自の武装中立論によって統一したのが、筆頭家老の河井継之助《かわいつぎのすけ》である。

　継之助が志向したのは、武装によって発言力を強め、戦争の当事者にならない中立国だった。関ヶ原の戦い以来、どちらかにつくという考えしかなかった日本において、中立宣言は前代未聞のことだった。

戊辰戦争の最中、長岡藩の「武装中立」を目指した河井継之助（長岡市立中央図書館蔵）

　軍備強化のため、横浜に向かった継之助は、外国人商人から洋式銃2000挺やアームストロング砲、そしてガトリング砲を購入する。ガトリング砲は多銃身が回転する機関砲の一種で、１分間に最大３６０発を発射できる最新兵器だ。当時日本に３門しかなかったが、継之助は大軍と対等に戦うためのジョーカーとして２門を持ち帰ったのである。

　慶応４年（１８６８）４月26日、ついに長岡の国境で新政府軍と会津軍の戦いが勃発する。この会津征伐に際し、さっそく新政府軍は長岡藩に恭順を迫ってきたが、継之助は直談判に打って出る。５月２日、新政府軍軍監・岩村精一郎らと小千谷《おぢや》（現・新潟県小千谷市）で会談した継之助は、ここでも長岡藩の中立を宣言し、新政府軍と会津軍の調停役を務めることを提案した。しかし、若い岩村はこれを一蹴し、30分で談判は決裂。これにより長岡藩は、戊辰戦争最大の激戦となる北越戦争に巻き込まれてしまう。

　だが、実戦が始まると継之助の近代的な用兵は際立った。２万人の新政府軍に対し、長岡藩をはじめとする同盟軍は８０００の兵で一進一退の攻防を3か月続けた。継之助は陣頭指揮を執りながら、自らガトリング砲を操作し、新政府軍を攻撃したという。また、一度は長岡城を奪われたものの、「八町沖渡渉戦《はっちょうおき》」を仕掛けて奪還している。敵の防衛線に攻撃を仕掛けて陽動し、その隙に別働隊が歩哨困難な沼沢《しょうたく》地を夜陰に乗じて突破するという、見事な奇襲作戦だった。

しかし長岡城を奪還後、作戦の視察に出向いた継之助は、左ひざを打ち抜かれて負傷。その戦線離脱は北越戦争の均衡を崩すことになり、長岡城は新政府軍の手によって再び陥落する。

継之助は会津領に落ち延びるが、左ひざの負傷が悪化して破傷風《はしょうふう》になり命を落とした。享年42。継之助は新政府軍の目から自身の死をごまかすため、骨箱を2つつくるように遺命し、仮墓の骨箱には砂石を入れさせたという。

ではその後、長岡藩のガトリング砲はどうなったのだろうか？　実は1つも現存していない。新政府軍の手に渡らないよう破壊されて長岡城の堀に沈められたともいわれるが、落ち延びた旧幕府軍兵によって軍艦・開陽丸《かいよう》に持ち込まれたという説もある。開陽丸は榎本武揚《えのもとたけあき》率いる旧幕府海軍の旗艦で、箱館戦争時に江差《えさし》沖で座礁して沈没している。戊辰戦争後に引き揚げ調査が行われると、武器、弾薬、船具など3万点の遺留物が見つかったが、そのなかにガトリング砲弾があったという。ただ、長岡藩のガトリング砲弾とは口径が異なるなどの疑問も残り、同一物という確証にはない。武装中立の象徴は、今もどこかで眠っているのだろうか。

## 自らつくった手配写真のシステムで日本初の指名手配犯になった江藤新平

明治新政府成立後、初代司法卿《きょう》を務めた江藤新平《えとうしんぺい》は、司法制度の基礎固めに尽力した。「維新の十傑《じっけつ》」の一人に数えられ、近代日本の司法

**司法卿**
司法省の長官。現在の法務大臣、最高裁長官、国

体制の生みの親として「近代司法制度の父」とも称される。

　佐賀藩の下級武士出身の江藤は、28歳の時に脱藩して京都で活動し、長州藩の桂小五郎や伊藤博文、公卿《くぎょう》の三条《さんじょう》実美《さねとみ》、姉小路《あねがこうじ》公知《きんとも》らと交流を持った。新政府に出仕して頭角を現し、文部大輔、左院副議長を経て、明治5年（1872）に司法省が設置されると初代司法卿に就く。江藤の先見性と理論性は特に司法の分野で遺憾なく発揮され、司法職務の制定、裁判所や検察機関の創設、民法の編纂などに努め、行政から独立した全国統一の司法権を構築した。

初代司法卿となり、近代司法制度の整備・改革に努めた江藤新平（国立国会図書館蔵）

　また、江藤は警察制度の整備にも注力し、西欧の警察制度を導入した捜査組織をつくり上げている。司法卿だった当時に、江戸時代から行われていた人相《にんそう》書《が》きを「手配写真」に変更。捜査方法について

---

家公安委員長に相当した。

**三条実美（1837~1891）**
尊攘派公卿の中心人物として長州藩と提携。1863年8月18日の会津・薩摩を中心とした公武合体派によるクーデターにより、七卿落ちした一人。維新後は重用され、議定、太政大臣、内大臣などを歴任した。

**姉小路公知（1840~1863）**
三条実美と親交を結び、攘夷派廷臣の指導者として活躍したが、1863年5月20日深夜、朝議からの帰途に朔平門外で襲われ、暗殺された。

も近代化を図り、今日まで捜査機関で利用されている「指名手配」のシステムを確立している。

ただ、何とも皮肉な話だが、日本で最初の指名手配犯になった人物こそ、江藤新平その人だった。

順調に重ねていた江藤のキャリアを一変させたのが、1873年の「明治六年の政変」である。朝鮮半島に出兵するか否かの征韓《せいかん》論論争で、征韓論を主張する西郷隆盛、板垣退助、江藤らと、あくまで内治優先を唱える大久保利通、木戸孝允らとが激しく対立。征韓派は敗れ、西郷らとともに下野した江藤は郷里の佐賀に戻ることになった。そして帰郷後、強硬に征韓論を唱える征韓党の党首に江藤が擁立されると、佐賀の不平士族たちは反乱へと積極的に動きはじめ、明治7年（1874）2月16日、不平士族たちと結んだ江藤は武装蜂起し、「佐賀の乱」を起こす。

しかし、やがて大久保利通が率いる鎮圧軍が東京、大阪から続々と九州に到着すると、反乱軍は敗走を重ねた。

江藤は密かに戦場を脱出し、上京を試みるもその途上、高知県東端にある東洋町《とうようちょう》で逮捕された。手配写真が出回っていたのだ。当時、写真を撮るには金がかかり、撮影できるのは大物に限られていた。江藤は政府の要人だったがゆえに、指名手配の第一号となってしまったといえる。

数日後の明治7年（1874）4月13日、江藤は佐賀裁判所で裁かれ、即日梟首《きょうしゅ》となった。またしても皮肉なことに、その裁判は本人の陳述もなし、上告も認めないという司法卿として江藤が禁じたはずの〝暗黒裁判〟だった。

江藤と確執のあった大久保は、自らの日記に「江藤醜態笑止なり」と記し、さらに江藤の晒し首の写真を新橋の色町にばらまかせたという。だが、その大久保も4年後の明治11年（1878）5月14日に暗殺されている。

---

**大久保利通（1830〜1878）**
薩摩藩下級武士の出身で、西郷隆盛とともに薩長同盟の中心となって倒幕運動を推進。維新政府の参議となり、版籍奉還、廃藩置県を実行した。大蔵卿を経て、岩倉使節団の一員として外遊後、内務省を創設し、内務卿として政府の事実上の独裁者となった。西南戦争鎮圧の翌年、不平士族によって東京紀尾井坂で暗殺された。

# 上杉謙信が「塩」を送ったのは武田信玄を救うためではなかった！

戦国時代最大のライバル関係ともいわれる、甲斐《かい》の武田信玄《たけだしんげん》と越後《えちご》の上杉謙信《うえすぎけんしん》。二人は北信濃の支配を争って11年にわたり5回も激突し、その死闘は「川中島《かわなかじま》の戦い」として後世に語り継がれている。

一方で、両者は互いに実力を認め合い、友情に近い感情を持っていたのではないかと推測されている。それを示すのが、謙信が信玄の苦境を救った「敵に塩を送る」のエピソードだ。

永禄3年（1560）、桶狭間の戦い後に今川家が衰退すると、信玄は今川家を見限り、当時締結していた武田・北条・今川家による「甲相駿三国同盟《こうそうすん》」を破棄し、今川領である駿河《するが》を攻め取ってしまった。これに激怒した今川家当主・今川氏真《うじざね》は、「塩止め」を実施する。武田家は塩を駿河湾からの輸入で賄《まかな》っていたのだが、氏真は武田家の

---

**甲相駿三国同盟**
甲斐の武田家、相模の北条家、駿河の今川家の間で結ばれた同盟。同盟の名の甲相駿は、それぞれの国を表す。当主である武田信玄、北条氏康、今川義元の娘がお互いの嫡子に嫁ぐ婚姻同盟として1554年に成立。桶狭間の戦いで今川義元が討たれ今川家が弱体化したことを受け、信玄が今川領に進出した1568年に崩壊した。

領国である甲斐、信濃に塩を運ぶことを禁止したのだ。塩がなければ食料を保存することができない。自国に海のない武田家は、領民までもが苦しむことになった。

この窮状を伝え聞き、信玄に塩を提供したのが謙信だった。「我は兵を以《もっ》て戦いを決せん。塩を以て敵を屈せしむる事をせじ（私は戦で勝負をつけたい。塩で敵を屈服させるような卑怯な真似はしない）」と怒り、日本海の塩を送って武田家とその領民を救ったのである。

この「敵に塩を送る」の逸話は謙信の義の象徴として広く知られている。だが、謙信はこれを義や人情で行ったわけではなかった。謙信は軍神と呼ばれる一方で、上杉家の経営者として商業面でも優れた一面を持っていたのである。

当時、越後の産業は青苧《あおそ》栽培が中心で、それを織った越後上布《じょうふ》が特産品だった。謙信は青苧の栽培を奨励するとともに、青苧や越後上布を積み出す船には「船道前《ふなどうまえ》」という関税を課し、莫大な収入を得ていた。また、越後の西岸では製塩を行い、現在の新潟県糸魚川《いといがわ》市と長野県松本市を結ぶ千国《ちくに》街道を「塩の道」として流通ルートにしていたのだった。つまり、今川・北条家の塩止めに加担すれば、むしろ自国の製塩業が大打撃を受けてしまう。そこで謙信は、塩の道を封鎖することなく、従来どおりに塩を往来させたのである。

事実は謙信が、自国の産業を守っただけの話といえる。確かに謙信は隣国や同盟国の救援には躊躇なく応じるなど、義を重んじたが、それよりも重視したのは自国のビジネスだった。謙信が塩を送ったエピソードは、後世の創作によりいつの間にか美談化されたのである。

## 全国に4万社！ 八幡神社はどうしてこんなに広まった？

八幡《はちまん》神を祀る神社を八幡宮（八幡神社）といい、全国に約4万社があるといわれる。

総本社は宇佐《うさ》神宮（大分県宇佐市）。祭神は応神天皇（八幡神）を主神に、応神《おうじん》天皇の母である神功《じんぐう》皇后、比売大神《ひめのおおかみ》（どのような神であったか諸説あり）を合わせて八幡三神と総称している。ただし、神功皇后・比売大神の代わりに仲哀《ちゅうあい》天皇（神功皇后の夫）や玉依姫命《たまよりびめのみこと》（巫女）などを祀る八幡宮も多い。

清和天皇の御代に宇佐神宮から勧請された石清水八幡宮（京都府八幡市）

八幡神と同一視される応神天皇は、4世紀後半から5世紀前半にかけて活躍した天皇と考えられるが、実在は不明だ。神功皇后の胎内にあって皇后を守護し新羅《しらぎ》征伐を成功させたとか、王として近畿から西日本一帯を平定し、海の民や山の民をことごとく従えたなどの伝説がある。なぜ

---

**新羅**
朝鮮の古代三国の一つで、はじめて朝鮮を統一した。4世紀半ば、斯盧（しら）国が朝鮮半島東南部の辰韓を統一して成立。7世紀後半、唐と結んで百済、高句麗を滅ぼし、688年、朝鮮最初の統一国家となった。首都に中央集権を敷き、仏教を国教としてすぐれた仏教美術を残した。

八幡神として信仰されるようになったのかは明らかではないが、平安後期に成立した歴史書『扶桑略記《ふそうりゃくき》』には、欽明《きんめい》天皇の代（539〜571）に八幡神が現れ、応神天皇を名乗ったとの記述がある。

奈良時代になると、日本固有の神は外来の仏教と結びついたが（神仏習合《しんぶつしゅうごう》）、天応元年（781）、八幡神には大菩薩の称号が与えられた。最初に仏号を与えられた神となったのだ。平安時代には宇佐八幡宮から勧請され、京都男山山上に石清水《いわしみず》八幡宮が建立されるなど、八幡神は国家神へと発展していく。

そして、八幡信仰が全国に爆発的に広がったのは鎌倉時代のことである。八幡神は古来の伝説から武神と見なされており、また石清水八幡宮が清和《せいわ》天皇の御代に創建されたことから、特に清和天皇の嫡流といわれる源氏《げんじ》一門は八幡神を氏神《うじがみ》として篤く信仰したのだった。

康平6年（1063）、河内源氏2代目棟梁の源頼義《よりよし》が石清水八幡宮を勧請して鎌倉に鶴岡《つるがおか》八幡宮を創建し、その後源頼朝が鎌倉の地に

---

**神仏習合**
日本固有の神（神道）と外来の仏（仏教）とを調和させ、同一視する信仰。奈良時代には始まり、寺院に神が祀られたり、神社に神宮寺が建てられたりした。

**勧請**
神仏の分身・分霊を他の場所に移して祀ることこと。

幕府を開くと、配下の有力御家人たちもそれに続いた。全国各地の武士たちが八幡宮を勧請・創建し、「八幡」と名のつく神社が地方にまで分布したのだった。さらに、武家政権が鎌倉から室町へと移行した後も、足利将軍家が清和源氏の流れを汲んでいたことから、八幡信仰は熱心に押し進められた。

こうして全国各地に八幡宮が建てられると、八幡神は次第に庶民にとっても親しみ深い神になっていった。武士にとって戦勝の神は、庶民の間ではやがて病を倒す神、商売に勝つ神などさまざまな神得を付与された。そして現在も成功勝利のほか、厄除開運、商売繁盛、交通安全など様々な御利益がある〝八幡様〟として人々の信仰を集めるに至っている。

## 尾張藩時代は〝貯金箱〟だった名古屋城の金のシャチホコ

日本三大名城として知られる名古屋城は、駿河・遠江守護の今川氏《うじ》親《ちか》が、当時支配下に治めた尾張国愛知郡那古野に築いた城が起源とされる。

だがその城は天文元年（1532）、織田信長の父・信秀によって奪われ、奪った城を居城とした信秀は名を「那古野《なごや》城」に改めた。天文3年（1534）に生まれた信長は、この那古屋城で誕生した可能性が高い。

信秀の家督を継いだ信長もしばらく那古野城を居城としたが、弘治元年（1555）に清洲《きよす》城に移り、那古野城は廃城となる。

下って、那古野城の跡地付近に新城を築いたのは徳川家康だった。家康の九男で尾張徳川家の初代となった徳川義直《よしなお》の居城として、慶長

15年（1610）に天下普請《てんかぶしん》を命じたのだ。この城が名古屋城である。加藤清正《かとうきよまさ》、福島正則《ふくしままさのり》、黒田長政《くろだながまさ》ら西国の諸大名20家が助役となり、総勢20万人にもおよぶ人員を動員し、慶長17年（1612）までに大天守が完成。義直が清洲からこの城に移ったのは元和2年（1616）のことであった。

名古屋城の金鯱。鯱は胴体が魚、頭部は虎という空想上の動物で、口から大量の水を噴出することから火除けのまじないとされた（愛知県名古屋市中区）

家康が西国の諸大名に普請させたのは、いつ大坂の豊臣方に寝返るかわからない彼らに経済的な負担をかけ、力を削ぐ狙いがあったのだろう。そのため、名古屋城は必要以上といえるほどに豪奢につくられたが、その代表的な装飾が大天守の屋根の上に載る金鯱《きんこ》である。

この〝金のシャチホコ〟は、寄木

**天下普請**
江戸幕府が全国の諸大名に命じ、分担して行わせた土木工事のこと。城郭普請だけでなく、河川の治水工事や寺社の再建などを含んだ。

**加藤清正（1562〜1611）**
幼少から豊臣秀吉に仕えて武功を立てた。賤ヶ岳の戦いで七本槍の一人として活躍するなど、秀吉の天下統一に貢献。肥後半国を与えられ、熊本城主となった。秀吉の死後、石田三成と対立し、関ヶ原の戦いでは徳川家康方につき、肥後一国の領主となった。熊本城を築くなど、築城の名人としても名高い。

造の鯱の表面に金の板を打ちつけてつくられた。築城当時に使われた金の量は、雌雄一対に慶長小判１７９７５両分。慶長小判は1両約18グラム、金の含有量は約84％だったとされることから、純金量はおよそ２７０キロである。シャチホコの高さは約２．７４メートルだったという。

しかし、現在の天守に輝いている金鯱は雄が約２．６２メートル、雌が約２．５７メートルで大きさこそさほど変わらないが、一対の金量は約88キロなのである。４００年前と比べると、3分の1にまで〝痩せている〟のだ。いったいどういうことなのだろうか？

実は、名古屋城の金鯱は、尾張藩が財政難になるたびに天守から降ろされては金を溶かされ、小判に変えられていた。そして戻される際には、純度を落とした金で鋳《い》直された。改鋳は享保・文政・弘化年間に3度にわたって行われたが、金の代わりに銀を混ぜたため、最後には金鯱の輝きが鈍ってしまい、黒ずんで見えたという。これをごまかすために尾張藩は、「盗賊に盗まれないように」とか「鳥が巣を作らないように」などの理由をでっち上げ、金鯱を金網で覆って人々から見えないようにしていた。

明治維新の廃藩置県で尾張藩が消滅し、名古屋城を廃城とすることがいったん決まると、金鯱は宮内庁に献納される。しかし、のちに明治政府により廃城は撤回され、各地の展覧会を巡回していた金鯱も、明治12年（1879）に名古屋城に戻った。

その後、太平洋戦争時の空襲で名古屋城が炎上し、金鯱は溶け落ちてしまう。だが、戦後まもなく市民から再建を望む声が上がり、昭和34年（1959）に鉄筋コンクリートで天守閣が再建された。そして、生まれ変わった天守閣の屋根には、大阪造幣局によって作り直された2代目の金鯱が再び輝いていたのだった。

---

**廃藩置県**
1871年7月、明治政府は江戸幕府以来の藩を廃して府県に統一。版籍奉還後も旧藩主が知藩事となり、実質的に藩体制が続いていたのを改め、中央集権体制を強化する目的で実施された。全国261の藩を廃し、まず3府302県がまず置かれ、同年末までに3府72県となった。

## 鳥羽・伏見の戦いの直後、「錦の御旗」がフランス兵に奪われた！

王政復古で実権を握った薩摩・長州藩を中心とする新政府軍と、大政を奉還した旧幕府軍が戦った戊辰戦争。その緒戦となったのは、慶応4年（1868）1月3日、京都南方の鳥羽《とば》と伏見《ふしみ》で勃発した「鳥羽・伏見の戦い」である。

この時、旧幕府軍の兵力は約1万5000人、新政府軍は約5000人で、3倍近い兵力差があったとされる。そこで、新政府軍が切り札としたのが「錦《にしき》の御旗《みはた》」だった。

錦の御旗（錦旗《きんき》）は天皇軍の旗で、「官軍」の証になるものである。天皇から朝敵征伐に出征する大将に与えられた。承久3年（1221）の「承久の乱」に際し、後鳥羽上皇が北条義時を討つために配下の将に与えたものが最初の錦旗といわれる。

鳥羽・伏見の戦場に錦旗が掲げられたのは1月5日のことだった。赤地の錦に金銀の日像《にちぞう》・月像《げつぞう》が刺繍されたものであった。公家の岩倉《いわくら》具《とも》視《み》が国学者の玉松操《たままつみさお》にデザインさせ、大久保利通らに製作を依頼し、京都の薩摩藩邸で密かにつくられたという。

錦旗の威力は絶大だった。錦旗の登場によって「賊軍」となった旧幕府軍は戦意を喪失した。また、それまで態度を決めかねていた多くの藩も、朝敵になることを恐れ、雪崩を打つように新政府軍に寝返った。徳川家とつながりの深い譜代大名・淀《よど》藩稲葉《いなば》家の淀城では、城門を閉ざし、退却してきた旧幕府軍の入城を拒否した。山崎高浜砲台に

戊辰戦争で新政府軍が用いた錦の御旗の模写図（国立公文書館蔵）

**岩倉具視（1825~1883）**
公家出身の政治家。はじめ公武合体を唱え、のちに倒幕運動に参加し、大久保利通らと王政復古のクーデターを断行。明治新政府では右大臣となり、1871年には特命全権大使として欧米諸国を巡察した。帰国後は征韓派を抑えて、内治に務めた。

いた津《つ》藩守備隊も変心し、対岸の旧幕府軍をめがけて砲撃を浴びせたのである。伊勢の津藩は藤堂高虎《とうどうたかとら》を藩祖とし、外様でありながら幕府から別格譜代の厚遇を受けていた。

1月6日、大坂城で戦況を見守っていた徳川慶喜は密かに城を脱出し、軍艦・開陽丸で江戸へ逃走。こうして鳥羽・伏見の戦いは、戦力で勝るはずの、旧幕府軍の大敗に終わった。

錦旗は、その後も各地の戦場で薩摩・長州・土佐藩を中心に使用されたが、一時新政府軍から奪われていたことがある。奪ったのは敵方の旧幕府軍ではなく、なんと駐日フランス兵だった。

鳥羽・伏見の戦い終結直後の1月11日、神戸居留地において、備前《びぜん》岡山藩兵が隊列を横切ったフランス人水兵らを負傷させ、銃撃戦に発展する事件が起きた。この時、藩兵は駆けつけたイギリス公使ハリー・パークスにまで発砲したため、パークスは駐日各国に緊急事態を通達。イギリス警備隊、フランス水兵、アメリカ海兵隊など列強軍が神

---

**ハリー・パークス（1828～1885）**
1865年に駐日イギリス公使として赴任。討幕派の薩長を支援し、列国外交団を指導する立場にいた。戊辰戦争では局外中立の立場をとり、明治新政府が成立すると列国にさきがけて承認した。

戸に上陸し、一時神戸中心部を占領するに至った（神戸事件）。

そんななか1月14日、事件を知らない本山茂任《もとやましげとう》ら土佐藩の重臣7名が、神戸三宮《さんのみや》神社の門前を通りかかり、占領中の武装フランス兵によって捕縛される。本山は錦旗伝奏《てんそう》役として、朝廷より預かった高松藩・松山藩征討の勅と、錦の御旗を土佐藩に運搬する途中だったのだ。言葉が通じず、意思疎通のできぬまま、錦旗は櫃《ひつ》ごとフランス軍に押収されてしまった。

その後、欧米軍よる神戸占領は、備前藩士・滝善三郎《たきぜんざぶろう》が切腹することで解決した。また、長州藩の伊藤博文らが、フランス公使レオン・ロッシュらに折衝し、錦旗もようやく取り戻された。

戻った錦旗は土佐迅衝《じんしょう》隊《たい》を率いる板垣退助に届けられ、迅衝隊は高松藩の無血征伐に成功。その後迅衝隊は錦の御旗をひるがえし、関東へと進発していった。

---

**レオン・ロッシュ（1809〜1901）**
2代駐日フランス公使。江戸1864年に着任。幕府への援助政策を積極的に展開し、イギリス公使パークスと対立した。本国政府の政策転換により、1868年に帰国。

『歴史再検証 戊辰戦争とは何か』八幡和郎監修(宝島社)
『図解詳説 幕末・戊辰戦争』金子常規(中央公論新社)
『奥羽越列藩同盟 東日本政府樹立の夢』星亮一(中央公論新社)
『天災と復興の日本史』外川淳(東洋経済新報社)
『「生涯改革者」上杉鷹山の教え: 成らぬは人の為さぬなりけり』佃律志(日本経済新聞出版社)
『早わかり日本史 ビジュアル図解でわかる時代の流れ!』河合敦(日本実業出版社)
『カラービジュアル版 戦国大名勢力変遷地図』外川淳(日本実業出版社)
『歴代天皇事典』高森明勅編(PHP研究所)
『織田信長101の謎 知られざる私生活から、「本能寺の変」の真実まで』川口 素生(PHP研究所)
『日本史のなかのキリスト教』長島総一郎(PHP研究所)
『学び直す日本史＜古代編＞』日本博学倶楽部(PHP研究所)
『学び直す日本史＜中・近世編＞』日本博学倶楽部(PHP研究所)
『[図解]日本史未解決事件ファイル』日本博学倶楽部 (PHP研究所)
『図解 早わかり日本史』楠木誠一郎(二見書房)
『謎の豪族 蘇我氏』水谷千秋(文藝春秋)
『一冊でつかむ日本中世史: 平安遷都から戦国乱世まで』武光誠(平凡社)
『幕末明治傑物伝』紀田順一郎(平凡社)
『詳説 日本史史料集』五味文彦、吉田伸之、鳥海靖、笹山晴生(山川出版社)
『日本史人物辞典』日本史広辞典編集委員会(山川出版社)
『詳説日本史研究』佐藤信、高埜利彦、鳥海靖、五味文彦編(山川出版社)
『兵庫県の歴史』今井修平、小林基伸、鈴木正幸、野田泰三、福島好和(山川出版社)
『福井県の歴史』隼田嘉彦、白崎昭一郎、松浦義則、木村亮(山川出版社)
『戦国武将 敗者の子孫たち』高澤等(洋泉社)
『消えた戦国武将と「その後」』歴史REAL編集部編(洋泉社)
『敗者の日本史 消えた古代豪族と「その後」』歴史REAL編集部編(洋泉社)
『七代目市川團十郎の史的研究』木村涼(吉川弘文館)
『応仁・文明の乱』石田晴男(吉川弘文館)
『謙信と信玄』井上鋭夫(吉川弘文館)
『近世都市騒擾の研究』岩田浩太郎(吉川弘文館)
『五稜郭の戦い 蝦夷地の終焉』菊池勇夫(吉川弘文館)
『古代の皇位継承: 天武系皇統は実在したか』遠山美都男(吉川弘文館)
『南北朝の動乱』森茂暁(吉川弘文館)
『畿内・近国の戦国合戦』福島克彦(吉川弘文館)
『国史大辞典』国史大辞典編集委員会(吉川弘文館)

そのほか各市町村ホームページなど

# 参考文献

（順不同）


『ニッポン天才伝 知られざる発明・発見の父たち』上山明博（朝日新聞社）
『江と戦国の姫君たち』榎本秋（イースト・プレス）
『新選組』松浦玲（岩波書店）
『平家物語』山下宏明、梶原正昭（岩波書店）
『歴史群像シリーズ（1） 織田信長―〈天下一統〉の謎 』（学研）
『歴史群像シリーズ（63） 宮本武蔵―独行の道、無双の孤剣』（学研）
『決定版 古事記と日本の神々FILE』吉田邦博（学習研究社）
『全国版 幕末維新人物事典』歴史群像編集部（学習研究社）
『学校で教わらなかった 日本史「その後」の謎』雑学総研 (KADOKAWA)
『室町幕府崩壊 将軍義教の野望と挫折』森茂暁（角川学芸出版）
『江戸の御触書―生類憐みの令から人相書まで』楠木誠一郎（グラフ社）
『戊辰戦争を歩く』星亮一、戊辰戦争研究会編（光人社）
『偽りの大化改新 』中村 修也（講談社）
『遷都1300年 人物で読む 平城京の歴史［奈良の都を彩った主役・脇役・悪役］』河合敦（講談社）
『クロニック 戦国全史』池上裕子、小和田哲男、小林清治、池享 、黒川直則編（講談社）
『戦国期の室町幕府』今谷明（講談社）
『日本の歴史09 頼朝の天下草創』山本幸司（講談社）
『鎌倉と京』五味文彦（講談社）
『親と子の日本史』産経新聞取材班（産経新聞ニュースサービス）
『古代史の主役たち 知れば知るほど』関裕二（実業之日本社）
『徳川十五代 知れば知るほど―長期政権を彩る人間ドラマ』大石慎三郎監修（実業之日本社）
『日本の歴史⑦ 武者の世に』入間田宣夫（集英社）
『読める年表 日本史』川崎庸之、原田伴彦、奈良本辰也、小西四郎（自由国民社）
『もの知り日本史』児玉多幸監修（主婦と生活社）
『逆説の日本史8 中世混沌編―室町文化と一揆の謎』井沢元彦（小学館）
『これが本当の「忠臣蔵」』山本博文（小学館）
『教科書が教えない歴史有名人の晩年と死』新人物往来社編（新人物往来社）
『清水次郎長と明治維新』田口英爾（新人物往来社）
『幕末維新三百藩総覧』神谷次郎、祖田浩一（新人物往来社）
『別冊歴史読本86 徳川家歴史大事典』（新人物往来社）
『天明の江戸打ちこわし』片倉比佐子（新日本出版社）
『幕末群像の墓を巡る』合田一道（青弓社）
『日本史を動かした外国人』武光誠（青春出版社）
『大判ビジュアル図解 大迫力!写真と絵でわかる日本の合戦』加唐亜紀（西東社）
『日本史諸家系図人名辞典』小和田哲男（講談社）
『異聞！ 暗殺の日本史 』別冊宝島編集部編（宝島社）

**歴史雑学研究所**
研究によって確定している史実から珍聞奇聞の類まで、歴史のなかに埋もれたドラマを追求し、表舞台の裏側にある「もうひとつの歴史」を発表するグループ。時代や地域を問わず、豊富なデータベースをもとにした、幅広い分野のわかりやすい解説に定評がある。

眠れなくなるほどおもしろい
# 日本史の「その後」

2017年9月15日　初版第1刷発行
2019年6月3日　　　第4刷発行

編者　歴史雑学研究所

発行人　塩見正孝

発行所　株式会社三才ブックス
〒101-0041
東京都千代田区神田須田町2-6-5 OS'85ビル3階
電話　03-3255-7995（代表）
FAX　03-5298-3520

装丁　森 瑞

DTP　山本和香奈

印刷・製本　大日本印刷株式会社



ISBN 978-4-86199-991-8 C0021